AF499640

OBSERVATIONS CRITIQUES

SUR

LA DERNIÈRE ÉDITION DU CODEX.

MÉMOIRE

PRÉSENTÉ A LA TROISIÈME SECTION DU CONGRÈS SCIENTIFIQUE DE FRANCE,

EN RÉPONSE

A LA VINGT-HUITIÈME QUESTION DE SON PROGRAMME

PAR CH. HEYDENREICH,

pharmacien.

En abordant cette question, je ne me suis pas dissimulé toute la responsabilité que j'assumais sur ma tête, surtout en considérant la faiblesse de mes moyens en présence d'une tâche aussi importante et aussi difficile; mais la voix de la conscience et les devoirs de ma position ne m'ont pas permis de garder plus longtemps le silence sur les nombreuses lacunes et sur les défectuosités de cet ouvrage. Que les membres de la commission de rédaction me pardonnent donc en faveur de mes bonnes intentions, si je critique certaines parties de leur travail, car je leur porte à tous personnellement une haute estime; mais il s'agit ici de l'intérêt de l'humanité, et je serais heureux si ma faible voix pouvait n'être pas tout à fait perdue.

Je commencerai par dire quelques mots sur la marche qu'il conviendrait peut-être de suivre à l'avenir dans la composition de cet ouvrage. Je passerai ensuite en revue les différentes préparations et je terminerai en indiquant certaines lacunes que je voudrais voir combler.

Le Codex est pour le pharmacien ce que le Code est pour le juge, il faut qu'il s'y conforme et qu'il le suive à la lettre, c'est une loi qui lui est imposée; bonne ou mauvaise, il ne doit pas s'en écarter. Il est donc de la plus haute importance que l'élaboration d'un ouvrage d'une pareille portée soit entourée de toutes les lumières possibles, afin qu'il devienne l'expression vraie des connaissances de l'époque et qu'il réponde aux besoins actuels de la médecine et de la pharmacie.

Voyons donc si l'on a fait tout ce qu'exigeait la circonstance pour rassembler les matériaux et faire converger les lumières et les renseignements nécessaires à un travail de ce genre, et si toutes les ressources ont été mises à profit.

Nous lisons en tête du Codex un rapport au roi, dans lequel M. le Ministre énumère les motifs pour lesquels il est urgent de donner une nouvelle édition du Codex, et propose à la sanction royale la nomination d'une commission choisie parmi les membres de l'académie royale de médecine, appartenant soit à la faculté de médecine, soit à l'école de pharmacie de Paris, en s'appuyant dans cette disposition sur la loi du 21 germinal an XI, art. 28, qui veut que le travail soit fait par *les professeurs des écoles de médecine réunis aux professeurs des écoles de pharmacie.* Or ici il est évident qu'on n'a pas rempli les intentions de la loi, en chargeant de la révision du Codex quelques membres seulement de l'académie de médecine de Paris, au lieu de consulter également les autres corps savants du royaume! — N'eût-il pas été plus rationnel de commencer par inviter les différentes facultés de médecine et écoles de pharmacie à s'occuper de la révision du Codex, et d'avertir à leur tour, par une circulaire, les principaux médecins et pharmaciens des différents départements d'envoyer sur cet ouvrage leurs observations et leurs annotations? Un premier triage de tous ces travaux eût été fait alors dans les différentes facultés et écoles, et ensuite on les aurait envoyés à Paris, où une commission spéciale aurait pu être instituée; elle aurait fait usage de ces matériaux dans la construction du nouvel édifice, tout en y admettant de son fond propre et en consultant encore les excellentes pharmacopées des pays d'outre Rhin et d'Angleterre. De cette manière, chaque opinion aurait pu du moins se faire jour et chaque fait intéressant trouver sa place dans l'œuvre commune; car dans ces sortes de travaux, qui sont pour le plus grand bien de tout le monde, l'amour-propre doit n'entrer pour rien, et c'est un devoir de prendre le bien partout où on le trouve.

On sait aussi combien l'enseignement de la médecine et de la pharmacie varie dans les différentes facultés et écoles, et quelle différence il en résulte dans la pratique, et partant dans les formules et les préparations employées dans le traitement des maladies. Il eût donc été naturel que les facultés de médecine et les écoles de pharmacie de Montpellier et de Strasbourg eussent été admises aussi à faire valoir leurs observations et à demander l'introduction ou le changement de telle ou telle préparation, peu employée peut-être à Paris même, mais très-usitée du reste dans une grande partie de la France. Je croirai volontiers que le Codex actuel est un très-bon ouvrage pour la capitale et les praticiens sortis de cette école, mais il est certainement défectueux pour tous ceux qui auront fait leurs études à Montpellier et à Strasbourg, et cependant il nous faudrait une pharmacopée non-seulement pour Pari , mais pour toute la France.

Je ferai une dernière observation sur une mesure que devrait prendre le gouvernement pour rendre le Codex obligatoire. Ce serait d'avertir officiellement tous les pharmaciens de sa publication; car de la manière dont les choses se passent, un pharmacien qui habite un endroit un peu reculé et qui ne lit pas le *Moniteur* (cas qui peut arriver) vivra pendant des mois et des années sans qu'il en sache un mot, à moins qu'il n'en soit averti par l'instinct spéculateur des libraires ou par le jury chargé de l'inspection des pharmacies, ce qui, dans le dernier cas, équivaut à une censure. Je serais étonné si en France on ne trouvait pas encore mainte pharmacie où le nouveau Codex n'existe pas.

Passons à la préface où il est question des dispositions générales et du plan de l'ouvrage. A la page XVII on dit que les préparations les plus nécessaires sont marquées dans la table générale d'un astérisque, afin que chaque pharmacie en soit pourvue. Cette précaution est certes fort utile;

mais il aurait fallu mettre un peu plus de soin dans le choix de ces préparations, et dire alors qu'elles seront *exigibles*, et non pas, comme il est dit, *en quelque sorte exigibles*. Nous trouvons, en effet, un bon nombre de ces préparations marquées d'astérisques qui n'auraient nullement besoin d'être préparées à l'avance, ou qui en vieillissant perdent de leur efficacité; par exemple, les pilules de térébenthine, de cynoglosse, le suc de citrons; ces articles ne sont que rarement demandés et se préparent d'ailleurs très-vite; le sirop d'acide cyanhydrique se détériore au bout de peu de jours, la toile de Mai rancit facilement, le catholicum double est tombé en désuétude, la liqueur de Van-Swieten et le sirop d'acide tartrique se préparent en quelques instants, la poudre de sublimé corrosif ne s'emploie presque jamais qu'en fort petite quantité et doit dans tous les cas être préparée minutieusement chaque fois qu'on en a besoin, etc. Il aurait bien mieux valu laisser au pharmacien liberté entière toutes les fois que le médicament n'aurait pas été d'une nécessité absolue et susceptible d'être préparé en fort peu de temps; tandis qu'on aurait dû déclarer exigibles, et marquer par conséquent d'un astérisque certaines préparations longues, difficiles et souvent demandées. Je citerai, par exemple, l'acide borique, l'acide sulfurique pur, le cyanure potassique, l'alcool à 95° centigr., l'antimoine diaphorétique, l'acide arsénieux, qui est complétement oublié dans l'ouvrage, l'arséniate de soude, le bleu de Prusse, le carbonate de chaux préparé, le chlorate de potasse, les extraits de chardon benit, de chiendent, de digitale, de laitue véreuse, le fiel de bœuf épaissi, le baume de Fioraventi, l'acide benzoïque, l'huile de jusquiame, les huiles essentielles de cannelle, d'amandes amères, de fenouil, de romarin, de rue, de thym (un des composants de l'opodeldoch), le chlorure de barium, le chlorure de calcium, le magister de soufre, le mercure soluble de Hahnemann, le muriate ammoniaco-mercuriel, la pierre divine; les poudres d'asafœtida, de galbanum, de gomme ammoniaque, celle de jusquiame, d'opium, de séné, de seigle ergoté (en petite quantité); le sulfure d'antimoine, le sel de Seignette, le sirop de rhubarbe, le sulfure de calcium, le sulfure de fer, le cérat de Goulard, la teinture de belladone, de gajac, de Bestuchef, le vin aromatique, celui de colchique, etc. Tous ces médicaments sont trop importants pour que le médecin puisse s'en passer dans sa pratique, et si l'on ne voulait les préparer que sur prescription magistrale, le malade aurait le plus souvent le temps de guérir ou de mourir avant de recevoir le médicament; car la préparation des uns durerait trop longtemps, et celle de quelques autres ne peut se faire qu'à certaines époques de l'année (exemple : les gommes résines, qui exigent une température au-dessous de zéro pour pouvoir être pulvérisées, etc.). Enfin, pour la moindre analyse, il faut de l'acide sulfurique pur, du sulfure de fer pour dégager de l'hydrogène sulfuré, un sel de barite, de l'oxalate d'ammoniaque, etc., chaque pharmacien devrait se trouver dans l'obligation légale d'être muni au moins des réactifs les plus essentiels, et rien ne s'opposerait à ce que le Codex en donnât une table; car, pour satisfaire aux besoins de l'époque, le pharmacien, dans quel endroit que ce soit, devrait être à même de répondre aussi bien au médecin, qui aurait besoin de quelques indications chimiques dans le diagnostic ou le traitement d'une maladie, qu'à l'industriel, pour le guider dans les travaux, ou à la douane, pour l'éclairer sur quelque objet commercial; et, enfin, les questions médico-légales, qui exigent des recherches chimiques ne lui sont-elles pas ordinairement dévolues?

On a certainement eu raison de faire disparaître du nouveau Codex cette espèce d'histoire naturelle médicale qui précédait l'ancien, pour ne laisser subsister que le nom des substances employées, avec les indications les plus essentielles; mais il me semble qu'à côté du nom spécifique des plantes ou des animaux, on aurait fort bien pu placer le nom d'auteur, pour être plus clair et plus précis. Que de noms n'y voit-on pas changés et que de plantes dont la synonymie vous embrouille! Si ce reproche a peu d'importance sous le point de vue pharmaceutique, il en a beaucoup sous le rapport scientifique, et l'on ne devrait pas s'attendre à l'omission de cette règle si simple de la nomenclature.

J'aurais aimé également que le désir d'être court n'eût pas fait perdre de vue des choses importantes. Ainsi, on aurait fort bien pu ajouter encore au *Cassia acutifia* le *Cassia oborata* Collad., qui est toujours mélangé avec la première espèce dans le séné de la Palte; et dire que l'écorce de garou vient à peu près aussi souvent du *Daphne Mezereum* que du *Daphne Gnidium;* que ce n'est pas seulement le *Pinus maritima* qui fournit le galipot, la poix blanche, la résine, etc., mais aussi le *Pinus sylvestris, picea*, etc.; que le tilleul provient de deux espèces bien distinctes : du *Tilia microphyllos* et du *platiphylla, Flore française*, tandis que, sous le nom de *Tilia europœa*, Linné avait confondu plusieurs espèces, etc.

J'ai cherché en vain dans tout l'ouvrage la combinaison heureuse de la nomenclature française avec celle de Berzélius, dont parle le Codex, page XX; je n'y ai trouvé, au contraire, qu'un désordre extrême, des noms empruntés à toutes les nomenclatures et à tous les âges; très-souvent le nom n'indique pas même la composition des corps et encore moins leurs degrés d'oxydation ou de chloruration, et je ne parle pas seulement des synonymes mis en seconde ligne, mais bien des noms placés en tête de chaque préparation qui devraient être rigoureusement systématiques. Ce défaut d'ordre, nous le retrouvons malheureusement partout dans cet ouvrage, et il serait à désirer qn'il disparût dans la prochaine édition.

Quant à la nomenclature des préparations pharmaceutiques, je ne crois pas non plus qu'on ait suivi le meilleur mode en adoptant tous ces noms anciens: c'eût été bon pour les préparations complexes; mais toutes les fois qu'une préparation tire son action principale d'un seul corps incorporé dans un véhicule quelconque, celle-ci devrait porter le nom de la base du médicament, afin qu'en le prononçant on sache aussitôt à quoi s'en tenir par rapport à son action, non que je veuille rejeter entièrement les anciens noms, mais ils ne devraient figurer que dans la synonymie; je dirais, par exemple, pommade de sublimé corrosif ou de deuto-chlorure de mercure plutôt que *pommade de Cyrillo*, et ce dernier nom, je le mettrais entre parenthèse, comme l'ouvrage le fait du reste lui-même dans beaucoup d'endroits; mais parcourons l'ouvrage et nous trouverons.

Chlore liquide. C'est sans doute par abréviation qu'on appelle ainsi la solution aqueuse de chlore? Le même fait se répète pour l'acide sulfureux, l'acide sulfhydrique liquide, l'eau de chaux, l'ammoniaque liquide, la liqueur arsénicale de Pearsan, l'arsénite de potasse, etc.

Fumigation guytonnienne, au lieu de mettre : fumigation de chlore!

C'est là un hommage rendu à la mémoire de l'auteur de l'invention qui ne trouve pas bien sa place ici.

Eau régale et *acide nitro-muriatique*, au lieu de mettre: acide chloronitreux.

Poudre antimoniale (poudre de James), au lieu de mettre : phospate et antimoniate calcique.

Safran de Mars apéritif et en synonymie *oxyde de fer hydraté*. Ni l'un ni l'autre de ces deux noms ne convient à cette préparation : le premier, parce qu'il est suranné, et le second, parce que c'est un sous-carbonate d'oxyde ferrique hydraté, car une goutte d'acide en dégage aussitôt une forte quantité d'acide carbonique.

L'*oxyde rouge de fer* du Codex est de l'oxyde ferrique! l'*oxyde noir de fer*, de l'oxyde ferroso-ferrique! la *magnésie*, de l'oxyde magnésique! la *poudre de Vienne*, un mélange d'oxyde potassique et calcique! le *kermès minéral*, un oxysulfure d'antimoine hydraté! le *soufre doré d'antimoine*, un polysulfure d'antimoine hydraté! l'*iodure d'or*, un periodure d'or! le *nitrate de mercure cristallisé*, un nitrate mercureux cristallisé! le *vinaigre radical*, un acide acétique concentré avec acétone! le *proto-nitrate ammoniaco-mercuriel* (mercure soluble de Hahnemann) est un sous-proto-nitrate! le *tartrate de potasse et de fer*, un deuto-tartrate de fer et de potasse! la *teinture de Mars tartarisée*, une teinture de proto-tartrate de fer et de potasse! les *boules de Nancy*, un tartrate de potasse et de fer impur, car un peu plus loin on appelle l'extrait de Mars pommé, *malate de fer impur*. La *poudre de Verdet* est du sous-acétate de cuivre! la *poudre de magnésie blanche*, du sous-carbonate de magnésie hydraté! celle *de céruse*, du sous-acétate et carbonate de plomb! la *pommade hydriodatée* est une pommade d'iodure potassique! la *pommade stibiée*, une pommade de tartrate de potasse et d'antimoine! celle *de Gondret* est une pommade d'ammoniaque caustique! la *pommade citrine*, une pommade de nitrate de mercure acide! la *pommade nutritum*, un margaro-stearate de plomb! l'*emplâtre brun*, un emplâtre d'oléo-stearate de plomb brûlé, etc.

Oxychlorure ammoniacal de mercure, au lieu de mettre: deuto-chlorure de mercure et d'ammoniaque! Il faut au moins qu'on sache par le nom qu'il entre dans les deux sortes de sels d'Allembroth du deuto-chlorure de mercure et non du proto-chlorure; pour ce dernier sel surtout c'est important; car il est aussi connu en Allemagne et en Alsace sous la dénomination de *précipité blanc*, nom qui est réservé en France au calomel obtenu par précipitation, et, comme ces deux préparations diffèrent essentiellement dans leur action sur l'économie animale, leurs noms du moins ne devraient pas donner lieu à des méprises.

Sulfate de soude purifié. Ce serait ici le cas d'ajouter encore le mot *cristallisé*, pour le différencier du sulfate de soude *effleuri* qu'on conserve dans chaque pharmacie pour le faire entrer dans les poudres composées.

Parmi les poudres, les pulpes, les sucs, les huiles, les tisanes, certaines teintures, les huiles essentielles, les eaux distillées, les extraits, etc., c'est toujours le nom latin qui indique la partie de la plante employée; tandis que ce serait à la nomenclature française d'être la plus complète et la plus systématique.

Onguent brun, au lieu de mettre: onguent basilium avec deutoxyde de mercure! car l'emplâtre de la mère Thècle est aussi quelquefois demandé sous le nom d'onguent brun; de plus, ici le nom ne laisse pas même supposer qu'il puisse y entrer du deutoxyde de mercure.

Trochisques escharotiques, au lieu de mettre : trochisques de deutochlorure de mercure ; car il y a mainte substance qui pourrait servir à faire des trochisques escharotiques.

Trochisques escharotiques de Minium, au lieu de mettre : de deutochlorure de mercure avec du suroxyde plombeux.

Miel escharotique, au lieu de mettre : oxymel d'acétate de cuivre.

Voici trois préparations dénommées escharotiques qui tiennent cette propriété de substances différentes, et cependant leurs noms ne l'indiquent nullement; bien plus, la suscription : *trochisques escharotiques de Minium* donnerait à entendre que c'est le Minium qui est escharotique et non le sublimé corrosif, qui en est cependant l'agent principal.

Il y aurait encore bien des exemples à ajouter à ceux-ci, mais l'énumération en deviendrait trop longue.

Page VI. Le Codex donne une table approximative des poids des gouttes, des cuillerées, des poignées, des pincées, etc., en ajoutant qu'on ne doit pas considérer ces poids comme rigoureusement exacts, mais comme des approximations suffisantes pour la pratique. Je crois aussi que des tables approximatives bien faites peuvent quelquefois rendre service au pharmacien ; mais il faudrait qu'elles fussent autrement conçues que celle du Codex, qui fait une part beaucoup trop large à l'inexactitude; et, d'abord, commençons par l'approximation par gouttes.

Je concevrais une table du genre de celle qui figure dans le Codex, si, dans toutes les pharmacies, il y avait pour les différents liquides des vases exactement de la même grandeur, ayant un col et un rebord également épais, une ouverture du même calibre, la mouillure faite chaque fois d'un manière complète sur le pourtour et toujours une main également ferme et pas plus pressée une fois que l'autre; mais ces conditions ne pouvant jamais exister réunies, il est de toute impossibilité de faire une table approchant un tant soit peu de la vérité; en effet, suivant les circonstances, vingt gouttes de laudanum péseront 50-80-120 centigrammes et plus; l'éther produira des différences plus grandes encore; car très souvent son poids tombe à la moitié de celui qui est indiqué, et d'autres fois il le double; aussi, tant qu'on ne soumettra pas les différents liquides absolument aux mêmes conditions, on n'arrivera jamais à un résultat exact, et je serais tenté pour cette raison de proposer dans l'évaluation de très-petites quantités de liquides l'usage de la pipette graduée, à moins qu'il ne s'agisse d'un ou de deux gouttes d'huile de Croton tiglium, etc.; car ici l'importance de l'estimation par gouttes s'accroît encore quand on considère que la plupart des médicaments actifs qui sont sous forme liquide, tels que la teinture de digitale, de belladone, le laudanum, etc., ne sont ordinairement ajoutés aux potions qu'en petite quantité, soit en comptant par gouttes, soit en se servant de la balance; or, comme les balances qui servent à tarer les fioles dans les pharmacies sont rarement assez sensibles pour laisser facilement apprécier la valeur de quelques centigrammes, et que la table du Codex pour l'estimation des gouttes ne donne que des résultats inexacts, il se trouve que sur dix fois le médecin aura au moins neuf fois une quantité de médicament plus ou moins forte que celle qu'il a prescrite.

Plus loin, dans la table des approximations, je trouve qu'une poignée de semences d'orge équivaut à 100,40 centigrammes; tandis qu'immédiatement après, une poignée de semences de lin, qui, certes, a une densité à peu près égale aux semences d'orge, n'est évaluée qu'à 47,60 centigrammes, ce qui, en poids, ne ferait pas même la moitié. Ensuite, quelle personne aurait le poignet assez formidable pour y cacher 105 grammes de farine de lin, ou 43,90 centigrammes de feuilles sèches de mauve, ou 32 grammes de feuilles sèches de chicorée, ou 40,10 centigrammes de fleurs de tilleul; et peut-il y avoir quelque analogie entre une pincée de semences de fenouil ou d'anis et une pincée de fleurs d'arnica, de mauve, de guimauve, de camomille romaine, etc.? cette dernière est même évaluée plus lourde que toutes les autres. — Du reste, toute cette table, telle qu'elle a été conçue, est complétement inutile, et pourrait, si elle était suivie, donner lieu à des suites fâcheuses aussi bien pour le malade que pour la réputation d'exactitude du pharmacien.

Que faudrait-il, en effet, au pharmacien? Il lui faudrait une table qui indiquât, une fois pour toutes, combien l'on doit entendre par une cuillerée à café ou une cuillerée à soupe de liquide, combien par une verrée, combien par une poignée ou une pincée de semences, de feuilles, de fleurs, de racines, etc., afin qu'il ne soit jamais embarrassé pour le poids quand on lui présente des formules dont les quantités sont fixées dans ce genre. Les médecins eux-mêmes seraient alors obligés de s'y conformer et sauraient à quoi s'en tenir. Au lieu d'entrer dans ces détails de grammes et de centigrammes pour quelques articles seulement, le Codex aurait dû donner une loi générale et dire, par exemple :

Une cuillerée à café de liquide équivaut à			5	grammes.
—	—	à thé	8	—
—	—	à soupe.	15	—
—	verrée		120	—
—	poignée de semences		30	—
—	—	d'herbe ou de feuilles . . .	15	—
—	—	de fleurs	15	—
—	—	de racines	30	—
—	pincée de semences		8	—
—	—	de fleurs, de feuilles.	4	—
—	—	de racines	8	—

etc.

Sans doute, il y aurait de cette manière des inexactitudes à cause du poids spécifique variable des corps; mais cela importe fort peu, pourvu qu'il y ait accord partout et que le même poids soit toujours délivré. Mieux vaudrait cependant supprimer entièrement ce genre d'évaluation.

P. X. Il est question de l'alcoomètre de Gay-Lussac, qui certainement est l'instrument le plus parfait que nous ayons dans ce genre; il nous donne à la fois le degré et la quantité d'alcool réel, chose précieuse dans les travaux du laboratoire; aussi suis-je grandement étonné de voir qu'on a partout donné la préférence à l'aréomètre de Cartier, qui ne nous indique que des degrés conventionnels et que la cupidité avait même altérés pendant quelque temps. Il est vrai qu'un peu plus loin il est dit : qu'on a joint toutes les fois en regard de l'aréomètre de Cartier celui de l'alcoomètre centésimal ; mais déjà cinq pages plus loin, dans la table sur le point d'ébullition de certains liquides, je trouve :

	therm. cent.
« Alcool à 22° Cart. bout à	81,25
— 36° Cart.	——
— pur	78,4
Éther pur	36,5.»

Ici, ce me semble, l'alcoomètre de Gay-Lussac n'est pas mis en regard. Je crois donc qu'il serait utile de mettre en pleine vigueur, dans la prochaine édition, l'alcoomètre de Gay-Lussac, accompagné des tables de rectification relatives à la température et à la pression, et que l'aréomètre de Cartier, bon tout au plus à servir dans les achats, en fût complétement banni.

Nous arrivons maintenant au corps même de l'ouvrage, et nous allons passer en revue les différentes préparations.

P. 2. *Soufre précipité.* Pourquoi prescrire du polysulfure de potassium là où le polysulfure de calcium, préparé par la voie humide, donnerait un aussi bon résultat et à bien plus bas prix? Il me semble que toutes les fois qu'un procédé à bon marché donne une préparation aussi bonne qu'un autre qui revient plus cher, un Codex devrait adopter le premier, sans quoi le pharmacien s'abandonne trop volontiers aux fabriques qui lui fournissent des préparations à meilleur compte qu'il ne pourrait les faire lui-même en suivant le Codex.

P. 13. *Antimoine purifié.* Ce mode de purification revient également trop cher ; car sur quatre parties d'antimoine du commerce employées, on n'obtient qu'une partie de métal pur ; le reste passe à l'état d'oxyde antimonique impur. N'aurait-il pas mieux valu employer le procédé de Liebig (16 p. de régule d'antimoine du commerce, 1 p. de sulfure d'antimoine et 2 p. de carbonate de soude sec sont fondues ensemble ; une deuxième fusion se fait avec 1 1/2 p. de carbonate de soude, et une troisième avec 1 p. (*Journal de Pharmacie*, décembre 1836, p. 646), qui donne un résultat bien plus satisfaisant.

Quant à l'essai à faire pour constater l'absence de l'arsenic, je pense que le Codex remplacera le procédé actuel par celui de Marsch ou celui plus récent de Liebig, qui consiste à mélanger l'antimoine avec trois à quatre fois son poids de carbonate sodique et de cyanure potassique.

P. 19. *Acide sulfurique purifié.* Le Codex recommande de mettre au fond de la cornue quelques spirales en platine quand on veut distiller de l'acide sulfurique, pour empêcher les soubresauts ; malheureusement ce moyen ne les empêche qu'en partie, et il n'est guère possible d'en distiller plus que les deux tiers. Cependant M. Berzélius nous a donné depuis longtemps un moyen bien plus simple, qui permet de continuer la distillation presque jusqu'au bout et sans aucun soubresaut ; ce moyen consiste à placer la cornue sur une espèce de calotte en terre glaise qu'on se confectionne soi-même et qui se met sur la grille au milieu du fourneau, le feu qu'on met alors sur le pourtour ne peut frapper que les parois de la cornue et jamais le fond ; l'ébullition ne se fait par conséquent que sur les parois et ne donne lieu à aucune secousse ; car le sulfate de plomb, au fur et à mesure qu'il devient insoluble, se place sans inconvénient au fond de la cornue.

P. 21. *Acide sulfurique alcoolisé* (syn. eau de Rabel). Pour cette opération, le Codex dit à la vérité qu'il faut mêler peu à peu les deux liquides; mais cela ne me paraît pas encore assez explicite; car si le mélange s'échauffe, la moitié du liquide se transforme en acide sulfo-vinique, tandis que si l'on empêche l'élévation de la température, par exemple dans l'eau glacée ou en employant un ou deux jours à faire le mélange, l'alcool et l'acide sulfurique ne se décomposent pas mutuellement. Or, veut-on ou ne veut-on pas la présence de l'acide sulfo-vinique dans ce médicament?

Dans l'ancien Codex, cette préparation était composée d'une partie d'acide sulfurique et de deux parties d'alcool. Cette fois l'on a trouvé bon de mettre trois parties d'alcool sur une d'acide. Je ne sais réellement pas quelles raisons valables ont pu faire opérer ce changement? il y en a, au contraire, beaucoup qui militent en faveur du maintien de l'ancienne formule. On emploie, par exemple, très-souvent ce médicament dans les attaques d'hémoptysie; eh bien, dans ces cas il faut éviter tout excitant nerveux et artériel; il est donc clair que plus il y a d'alcool, plus le médicament pourra devenir nuisible; de même, quand on l'administre dans le but de diminuer l'orgasme du système vasculaire, on n'atteindrait pas son but si l'alcool prédominait, et cela est si vrai, que plusieurs médecins s'étant aperçus du changement des proportions de ce médicament, sont venus réclamer l'ancienne préparation. Il n'y pas jusqu'aux petites hémorrhagies provenant de quelque plaie superficielle, où l'ancienne préparation du Codex ne soit préférable.

Il y a également confusion de noms pour cette préparation; car l'eau de Rabel est composée de cinq parties d'alcool et d'une d'acide, l'élixir acide de Haller, de parties égales de l'un et de l'autre, et l'élixir acide de Dippel, de trois parties d'alcool et d'une partie d'acide (voyez Dulck, *Ph. boruss.*, VII, p. 609).

Une dernière observation sur cette préparation importante porte sur la pureté des substances qui la composent. Le Codex aurait dû prescrire de l'acide sulfurique *pur* et de l'alcool *rectifié;* car si l'on ne prend pas cette précaution, au lieu d'une préparation incolore, on obtient toujours, quand même le mélange serait fait à une très-basse température, un liquide trouble, qui peu à peu dépose du sulfate de plomb et qui est plus ou moins coloré en brun, ce qui provient de l'alcool 5/6 du commerce qui renferme constamment un peu de matière extractive des tonneaux. Peut-être ne faudrait-il pas non plus négliger l'avertissement de M. Liebig, qui nous a montré que l'acide sulfurique du commerce renferme presque toujours de l'acide arsenique.

P. 21. *Acide sulfureux.* Le Codex ne pourrait-il pas substituer au procédé par l'acide sulfurique et le mercure, celui par l'acide sulfurique et le charbon végétal? Il y aurait économie sous tous les rapports. Il est vrai qu'outre l'acide sulfureux, il se dégage aussi de l'acide carbonique; mais celui-ci s'échappe et ne nuit en rien dans les différentes opérations où l'on s'en sert, par exemple, pour faire le sulfite et l'hyposulfite de soude.

Acide nitrique. N'aurait-il pas été plus économique de prescrire le nitrate de soude pour la préparation de cet acide, plutôt que le nitrate de potasse? Il y aurait eu avantage de toute manière; car 1° le nitrate de soude qui nous vient des mines d'Amérique est beaucoup meilleur marché que le nitrate de potasse, et 2° à poids égal, il fournit plus d'acide nitrique; en effet, sur

100 p. de nitrate de potasse, il y a	$\dot{K}$	46,562
	$\ddot{\ddot{N}}$	53,438
		100,000
et sur 100 p. de nitrate de soude	$\dot{Na}$	36,600
	$\ddot{\ddot{N}}$	63,400
		100,000

Nous voyons donc qu'il y a 10 p. 0/0 d'acide nitrique de plus dans le nitrate de soude que dans le nitrate de potasse.

Je ferai encore le reproche au Codex de n'être pas assez rigoureux pour le degré de force de cet acide; au lieu de prescrire que l'acide nitrique officinal doit avoir une densité donnée, 36 degrés par exemple, il dit seulement : « il peut marquer jusqu'à 40 degrés au pèse-acide; mais celui du commerce marque rarement plus de 36 degrés. » Le Codex n'a pas à s'enquérir du commerce; qu'il donne au pharmacien et au médecin des préparations invariables dans leur composition et leur force, c'est tout ce qu'on lui demande !

P. 24. *Acide nitrique alcoolisé* syn. *Esprit de nitre dulcifié.* Le Codex appelle un mélange d'acide nitrique et d'alcool : « esprit de nitre dulcifié. » Veut-il par hasard confondre sous cette dénomination l'acide nitrique alcoolisé et le véritable esprit de nitre dulcifié ou éther nitrique alcoolisé, préparé par distillation ? car, en effet, l'ancien Codex avait encore son *Æther alcoolisatus nitricus*, p. 228, tandis que dans le nouveau je trouve cette préparation supprimée.

Le vrai esprit de nitre dulcifié ou éther nitrique alcoolisé (*spiritus nitri dulcis seu nitrico æthureus*) a déjà été obtenu anciennement, par distillation, par Reymond Lull, et dans le quinzième siècle, par Basil Valetin; dans les temps modernes on ne se départit pas de cette régle, et l'on mélangea une partie d'acide nitrique concentré avec quatre parties d'alcool à 86° centigrades, qu'on soumit d'abord à la distillation et ensuite à la rectification sur de la magnésie pour obtenir un liquide neutre. Il y a donc une grande différence entre le médicament du Codex, composé d'un simple mélange de trois parties d'alcool sur une partie d'acide, et celui dont je viens de parler. Dans celui du Codex, l'éthérification n'est pas complète; il s'y trouve un grand excès d'acide, et l'on sait avec quelle énergie l'acide nitrique libre agit sur les tissus vivants, fût-il même assez délayé. L'esprit de nitre dulcifié est un diurétique et un diaphorétique puissant et très-employé; d'un autre côté, l'estomac le supporte mieux dans certains cas de crampes hystériques que d'autres préparations éthérées, et pour obtenir ces effets l'on en administre souvent jusqu'à 8 à 10 grammes par jour. Quel médecin prudent oserait donner la même dose de la préparation du Codex; n'aurait-il pas à craindre une inflammation de la muqueuse intestinale avant que le médicament ne pût agir comme diurétique ou comme diaphorétique ? — Il est de toute nécessité que l'on réintègre le vrai esprit de nitre dulcifié, et qu'on ne le confonde plus sous la même dénomination que l'acide nitrique alcoolisé. C'est au nom de tout médecin éclairé que je fais cette réclamation.

J'aurais désiré aussi que le Codex recommandât de ne pas boucher hermétiquement le mélange d'acide et d'alcool dans les quatre à cinq premiers jours de sa préparation, afin de ne pas exposer l'opérateur de voir sauter le flacon entre ses mains à cause du grand dégagement de gaz qui a lieu au commencement.

P. 25. *Acide phosphorique.* Le Codex ne dit rien dans cet article de l'arsenic qui se trouve quelquefois dans le phosphore du commerce et de la manière de le séparer de l'acide phosphorique. On voit, en effet, assez souvent dans cet acide, évaporé à consistance sirupeuse, se déposer une poudre noire, qui n'est autre chose que de l'arsenic, et qui provient de la réduction de l'acide arsénieux et arsenique par l'acide phosphoreux, et qu'on peut en éloigner par dilution et décantation ou par filtration.

Une circonstance que le Codex oublie également de noter, c'est qu'en suivant son procédé, il se produit ordinairement vers la fin de l'opération un vif dégagement de deutoxyde d'azote, et une forte effervescence, provenant d'une certaine quantité d'acide phosphoreux, qui accompagne l'acide phosporique jusqu'à ce qu'il soit arrivé à la consistance sirupeuse, où il se transforme alors tout à coup en acide phosphorique à l'aide de l'acide nitrique, s'il en reste encore, et, à défaut de celui-ci, aux dépens de l'eau, en dégageant de l'hydrogène phosphoré. Il serait cependant bon que l'opérateur fût averti de cette circonstance pour qu'il pût s'en prémunir.

P. 26. *Acide borique.* Cette préparation pèche pour deux raisons. 1o Le Codex laisse perdre entièrement tout l'acide borique qui ne cristallise pas dans la première opération, aussi bien que celui que les eaux de lavage, provenant des cristaux, dissolvent; car il n'en dit pas un mot, quoique ce soit encore une quantité notable d'acide, d'autant plus qu'il prescrit une proportion d'eau trois ou quatre fois plus grande qu'il ne serait nécessaire; car au lieu de 11 parties sur une de borax, 2 1/2 à 3 parties suffiraient, et dans tous les cas l'acide chlorhydrique serait préférable à l'acide sulfurique. 2o Elle est impure; car l'on n'obtient jamais de l'acide borique libre d'acide sulfurique par une première cristallisation et des lavages réitérés; il faut ou le faire cristalliser plusieurs fois, ou, mieux encore, le soumettre à la fusion pour chasser l'acide sulfurique et ensuite faire cristalliser de nouveau.

P. 32. *Oxyde d'antimoine cristallisé* et *oxyde d'antimoine par précipitation.* Voilà deux préparations qui se ressemblent quant à leur nom, mais non quant à leur action sur l'économie animale. En effet, l'oxyde obtenu par précipitation est beaucoup plus soluble dans les sucs de l'estomac que celui préparé par sublimation; aussi produit-il quelquefois des nausées et des vomituritions à la dose de 30 à 50 centigrammes, particulièrement s'il n'est pas très-bien lavé; tandis qu'on peut aller bien au delà avec l'oxyde d'antimoine par sublimation. Il serait donc nécessaire que le Codex indiquât quelle préparation le pharmacien doit délivrer quand le médecin prescrit simplement : oxyde blanc d'antimoine; car c'est ce qui arrive le plus souvent. Ensuite il est à remarquer que le bi-carbonate de potasse peut parfaitement être remplacé par le carbonate de soude cristallisé dans la préparation de l'oxyde d'antimoine par précipitation.

Du reste, je me permettrai encore une observation à propos de ces préparations. L'ancien Codex appelle *oxydum stibii album* le surantimoniate, ou plutôt un mélange de surantimoniate et de surantimonite de potasse, et ne dit rien des deux préparations susmentionnées ; les médecins sont donc encore habitués à cette préparation, qui est certes de tous les antimoniaux celui qui exerce l'action la plus douce ; car l'on peut en donner jusqu'à 15 grammes par jour sans inconvénient. Aujourd'hui, voilà deux nouvelles préparations substituées, par leurs noms du moins, à celles de l'ancien Codex, qui ont une action bien plus énergique, et qui peuvent devenir la cause de bien des méprises et des accidents dans la pratique médicale. Des changements de ce genre devraient être toujours accompagnés de quelque avertissement !

On aurait pu fort bien dire, en parlant de la préparation des fleurs argentines d'antimoine : R. antimoine *pur !* comme on l'a fait plus loin pour l'antimoine diaphorétique lavé ; car si l'on prend du régul d'antimoine du commerce, on est à peu près sûr d'avoir de l'acide arsénieux dans l'oxyde d'antimoine cristallisé. Pour l'antimoine diaphorétique, cette recommandation est moins nécessaire, parce que les lavages enlèvent toujours l'arséniate de potasse qui se forme pendant l'opération.

P. 37. *Oxyde rouge de mercure.* Le procédé du Codex me semble fort peu économique. On se contente, en effet, de décomposer, par une chaleur modérée, le sel, qui est un composé de deuto-nitrate et d'un peu de proto-nitrate de mercure. Dans ce cas, l'acide nitrique, qui se décompose, fournit au protoxyde du proto-nitrate encore un peu d'oxygène pour le transformer entièrement en deutoxyde ; mais comme le deuto-nitrate de mercure est composé de $\dot{\mathrm{Hg}} + \overset{\cdot\cdot\cdot\cdot\cdot}{\mathrm{N}}$ et que l'acide nitrique se décompose en $\ddot{\mathrm{N}}$ et O^3, il serait rationnel de profiter encore de ces trois proportions d'oxygène mis en liberté, en ajoutant au moins une quantité égale de mercure coulant à celui qui se trouve déjà dans le sel, par-là il serait transformé complétement en proto-nitrate de mercure ; mais bientôt l'acide nitrique, en se décomposant par la chaleur, donnerait au protoxyde de mercure une nouvelle proportion d'oxygène, et il y aurait formation d'une quantité double de deutoxyde sans plus de frais que le prix de revient de mercure coulant. On pourrait, il est vrai, ajouter encore plus de mercure ; car sur ces trois atomes d'oxygène mis en liberté, il n'y en a qu'un seul d'employé pour la transformation du métal en deutoxyde ; mais il est prudent de n'en pas mettre davantage ; le mélange n'étant pas toujours homogène, il pourrait en résulter une déperdition d'oxygène, et d'un autre côté le sel primitivement employé renferme le plus souvent encore du proto-nitrate.

P. 38. *Oxyde rouge de fer* (Colcothar). Pour quelle raison cette préparation a-t-elle pu être introduite et maintenue dans le Codex ? Cette substance a pris une concrétion moléculaire tellement forte par l'action du feu, qu'elle n'est pas même soluble dans les acides les plus énergiques ; elle ne produira donc sur les organes de digestion que l'effet d'une substance inerte ou indigeste ! — N'aurait-on pas mieux fait de lui substituer l'oxyde de fer rouge obtenu par une faible calcination de l'hydrate de sous-carbonate de fer dont le Codex ne parle qu'accessoirement, page 39 ?

P. 40. *Oxyde noir de fer* (Ethiops martial). Le procédé que le Codex recommande pour faire cette préparation, et qui consiste à laisser agir l'air atmosphérique sur de la limaille humide, peut être bon si l'on agit sur de grandes masses ; mais il ne vaut rien pour préparer de petites quantités (1—2 k., par exemple, ce qui suffirait à l'approvisionnement d'une pharmacie); dans ce cas, la masse ne s'échauffe presque pas et l'opération marche assez lentement; il est bien difficile alors de s'apercevoir quand l'oxydation s'arrête, et je crois même qu'elle ne s'arrête pas du tout; car après avoir séparé l'oxyde noir de la limaille non encore oxydée, tous les soins et toute la célérité possible que j'ai mis dans la dessiccation n'ont jamais empêché d'obtenir un produit un peu rougeâtre, tandis qu'il devrait être d'un beau noir; il y a donc toujours beaucoup de peroxyde dans cette préparation.

On aurait mieux fait de conserver la formule de l'ancien Codex, qui, à l'aide de vinaigre et de la chaleur, réduit le deutoxyde de fer à l'état de protoxyde; ou de suivre le procédé de la pharmacopée de Prusse, qui se sert d'huile au lieu de vinaigre pour arriver au même but; il est vrai que cette préparation renferme un peu de charbon finement divisé, mais aucunement nuisible par son action.

Un procédé plus économique est celui de Vauquelin, qui prend 100 p. de deutoxyde de fer et 37,7 p. de limaille très-fine qu'il calcine ensemble; mais ce protoxyde est un peu moins noir que celui obtenu au moyen de l'huile, qui paraît avoir la préférence sur les autres.

Dans le *Traité de pharmacie* de Soubeiran, j'ai également trouvé une espèce de critique du procédé que donne le Codex ; aussi ne puis-je pas comprendre comment cet auteur, qui a cependant fait partie de la commission de rédaction, n'en a pas empêché l'insertion.

P. 42. *Oxyde de zinc préparé par sublimation* (fleurs de zinc). Il me semble que le Codex aurait pu fort bien ajouter aussi le procédé par la voie humide et par calcination subséquente, afin que les médecins eussent pu choisir entre ces deux préparations. Il y en a beaucoup qui donnent la préférence à cette dernière; car, disent-ils (Duncan, *Med. comment.*, 1788), «son état d'agrégation étant moins dense que celui de l'oxyde préparé par la voie sèche, il doit être plus soluble et impressionner plus facilement la muqueuse de l'estomac.» De plus, il ne renferme ni oxyde de fer, ni parcelles métalliques, comme c'est presque toujours le cas pour les fleurs de zinc, et à cette occasion je citerai volontiers le procédé éminemment pratique de M. Persoz pour purifier le sulfate de zinc.

On commence par faire passer un courant de chlore à travers la solution de sulfate de zinc jusqu'à ce qu'elle en renferme un petit excès, afin de peroxyder le protoxyde de fer qui s'y trouve ; on y ajoute ensuite une petite quantité de solution de carbonate sodique (un 30—40e de la quantité de sulfate de zinc employé), et on porte sur le feu ; l'oxyde de zinc, précipité d'abord, déplace bientôt le peroxyde de fer de sa combinaison avec l'acide sulfurique; on filtre après le refroidissement, et l'on obtient un sulfate de zinc entièrement libre de fer, qui donne alors un oxyde de zinc très-blanc.

P. 46. *Potasse caustique à la chaux.* Pour la préparer, le Codex se contente de prendre de la potasse du commerce, à laquelle il enlève l'acide carbonique au moyen de la chaux vive, de filtrer ensuite à travers une toile, d'évaporer les liqueurs réunies à siccité dans une bassine d'argent, et enfin de lui faire éprouver la fusion ignée pour la couler en lingots, en gouttes, etc.

Prendre de la potasse du commerce pour cette opération, c'est sans doute vouloir obtenir une préparation fort impure et s'éloigner entièrement de toute marche raisonnée. Déjà l'ancien Codex prescrivait du sous-carbonate de potasse, qui, suivant lui, devait être préparé par la combustion du tartre, ou la déflagration du nitre avec le tartre, et tous les autres ouvrages nous disent de prendre du carbonate de potasse purifié. En effet, le carbonate de potasse du commerce renferme toujours au moins un tiers et souvent la moitié de sels étrangers presque tous solubles dans l'eau, tels que le chlorure et sulfate potassique, le chlorure calcique, etc.; on risque donc fort de réunir tous ces sels dans la pierre à cautère, qui renferme alors peut-être le tiers de substances étrangères, ce qui est mauvais, non-seulement pour l'usage qu'on veut en faire comme médicament, mais encore pour préparer la potasse à l'alcool, où l'on obtient alors un magma trouble et un précipité abondant qui entraîne toujours à des longueurs dans la filtration et à des pertes d'alcool. Je concevrais que le Codex s'évitât la peine de purifier le carbonate de potasse s'il prescrivait de concentrer la lessive jusqu'à une certaine densité et de la laisser reposer ensuite pour que les sels étrangers s'en séparent autant que possible par cristallisation; mais non, il trouve cette précaution inutile; et, d'un autre côté, il veut absolument que le pharmacien fasse l'énorme dépense d'une bassine en argent pour cette opération, comme si le peu d'oxyde de fer qui se séparerait d'une bassine en fonte, ajouté aux impuretés qui s'y trouvent déjà, faisait beaucoup de tort à cette préparation!

P. 52. *Poudre de sulfure d'antimoine.* Le Codex prescrit simplement de porphyriser et de leviguer du sulfure d'antimoine, sans dire un mot ni de sa préparation ni de sa purification. Or, comme le Codex se tait entièrement là-dessus, personne ne pensera prendre autre chose que le sulfure d'antimoine du commerce; mais ce sulfure renferme fort souven' du sulfure d'arsenic, qui va quelquefois jusqu'à 1/50e du poids total, ainsi que du sulfure de fer et de plomb.

Quant au sulfure de plomb, il n'est guère nuisible, et l'humidité prolongée transforme facilement le sulfure de fer en sulfate soluble; mais il n'en est pas ainsi du sulfure d'arsenic, et il vaudrait certainement mieux suivre le conseil de la pharmacopée de Prusse, qui prépare le sulfure d'antimoine de toutes pièces avec de l'antimoine métallique pur et du soufre.

Il se pourrait cependant que le Codex dise, comme pour la tisane de Feltz, que la quantité d'arsenic qui pourrait s'y trouver corrobore l'action médicamenteuse? — Si ceci cependant n'était pas l'intention de messieurs les rédacteurs, je désirerais voir figurer dans le Codex la préparation du sulfure d'*antimoine pur.*

P. 55. *Soufre doré d'antimoine* (hydrosulfate sulfuré d'antimoine). Si, en Alsace, nous étions réduits au procédé du Codex pour la préparation du soufre doré, nous aurions dans nos magasins des provisions énormes de kermès et jamais assez de soufre doré! Faut-il donc être condamné à la préparation du kermès pour retirer de ses eaux mères quelque peu de soufre doré, préparation si employée de nos jours dans tous les traitements dépuratifs, antidartreux, rhumatismaux, dans les rhumes, les catharres, les pneumonies, etc.?

Un autre reproche à faire à cet article de loi du Codex, c'est que le résultat auquel il nous conduit n'est jamais ni identique ni pur. Supposons que le sulfure d'antimoine renferme de l'arsenic, ce qui est le cas le plus ordinaire, le soufre doré en renfermera également; car en présence de la soude il se formera du sulfo-arsénite de soude, qui sera décomposé par l'acide qu'on y ajoutera, et il y aura précipitation de sulfure d'arsenic. Il serait donc avant tout nécessaire qu'on employât du sulfure d'antimoine pur.

Le second chef de récusation est peut-être plus important encore; car la non-identité de cette préparation en France a sans doute été en grande partie la cause que les uns l'ont considérée comme un sudorifique d'une action douce et constante, et d'autres comme un remède dangereux, qui déjà, à petite dose, produit des nausées et des vomissements. Qu'on examine les eaux mères de kermés; fraîches, elles renferment toujours une quantité variable de sesqui-carbonate et de carbonate de potasse, de proto et bi-sulfure de potassium et du sulfure d'antimoine à différents degrés de sulfuration; mais, suivant que l'action de l'air agit dessus plus ou moins longtemps, il y a formation de produits oxydés, d'hyposulfite, de sulfite et de sulfate de potasse, d'acide antimonieux, etc. Il est donc clair qu'en y ajoutant de l'acide chlorhydrique, il se précipitera du soufre non combiné uni à du soufre doré plus ou moins sulfuré, correspondant tantôt à l'acide antimonieux et tantôt à l'acide antimonique, et l'on sait que plus cette préparation est sulfurée, plus elle excite à la diaphorèse, tandis que moins sulfurée ses propriétés se rapprochent davantage de celles du tartre stibié. Je proposerais donc en place du procédé du Codex celui de la pharmacopée de Prusse, qui consiste à prendre :

12 p. de carbonate de soude pur, sec et effleuri ;
7 p. de fleur de soufre lavée ;
2 p. de sulfure d'antimoine pur finement pulvérisé ;
1 1/2 p. de charbon en poudre.

On mélange le tout, on tasse dans un creuset et on fait fondre. La masse fondue est dissoute dans l'eau distillée et la solution filtrée est exposée à la cristallisation. On recueille les cristaux, on les redissout dans suffisante quantité d'eau distillée et l'on filtre de nouveau. On ajoute ensuite peu à peu de l'acide sulfurique délayé, jusqu'à ce qu'il ne forme plus de précipité, on lave ce dernier avec de l'eau ordinaire, on recueille sur un filtre et on sèche à une température qui ne dépasse pas 25° centigrades.

M. Liebig, dans le *Handwœrterbuch der Chimie*, v. I, p. 433, indique encore un procédé par la voie humide pour obtenir ces cristaux, qui sont du sulfo-antimoniate sodique (sel de Schlippe), dont un atome est composé de :

1 at. persulfure d'antimoine	=	2618,73	58,11
1 at. sulfure de sodium	=	492,06	11,03
12 at. eau	=	1349,75	30,26

et représenté pas la formule : $Sb^2S^5 + NaS + 12H^2O$, l'acide sulfurique le décompose ensuite en 1 at. d'hydrogène sulfuré qui se dégage, 1 at. de sulfate de soude et 1 at. de soufre doré représenté par Sb^2S^5. Ce résultat est constant et fournit un sulfure toujours identique correspondant par sa composition à l'acide antimonique Sb^2O^5.

P. 58. *Sulfure de calcium impur.* Le Codex n'a pas tort d'appeler cette préparation impure; il aurait dû encore y ajouter *éminemment variable.* Voyons si, en l'analysant, nous ne prouverons pas que le fait est vrai? — Le Codex prescrit de prendre 100 p. de soufre sublimé et 300 p. de chaux hydratée! — Il est d'usage, dans un ouvrage du genre de celui-ci, de n'employer une préparation pour une nouvelle opération que dans le cas où celle-ci aura été décrite dans le courant du même ouvrage; si l'on ne connaît pas la composition exacte des substances employées, on ne sait pas non plus ce que l'on obtient; c'est justement ce qui arrive pour l'hydrate de chaux, pour lequel le Codex devrait donner la préparation avant de l'employer à d'autres usages; car il peut renfermer plus ou moins d'eau et cependant paraître toujours sec! — Ensuite la proportion de soufre comparée à celle de l'hydrate de chaux, est évidemment trop faible pour former ensemble un protosulfure de calcium qui est composé de 56 calcium et de 44 soufre. 56 p. de calcium ont besoin de 20 p. d'oxygène pour être transformées en chaux . . . . = 76

et à 76 p. de chaux il faut 24 p. d'eau pour se constituer à l'état d'hydrate . . . . = 24

Total 100

Nous voyons donc que 100 p. d'hydrate de chaux équivalent à 76 p. d'oxyde de calcium, qui se transforment alors, avec 44 p. de soufre, en sulfure de calcium, sulfite et hyposulfite de chaux. Quelle différence entre ces nombres et ceux du Codex qui, sur 34 p. de soufre, prend 132 p. d'hydrate de chaux; il n'y a pas moins de 32 pour 0/0 de chaux en excès, à moins que la chaux du Codex ne soit trés-impure. Cette préparation renferme donc, outre le sulfure de calcium, plus ou moins d'humidité, une proportion variable d'hyposulfite, de sulfite et de sulfate de chaux, de la chaux non combinée et les impuretés que peut renfermer celle-ci. Une préparation aussi variable est à peine bonne pour l'usage externe, et cependant bien souvent le sulfure de calcium est aussi donné à l'intérieur. Il est vrai qu'on a mis encore, comme par hasard, une annotation à cet article, dans lequel on dit comment l'on prépare le sulfure pur avec le gypse statuair et le noir de fumée; mais sans rendre cette préparation obligatoire, car il est dit: «le sulfure de calcium pur se *préparerait.*»

Je crois que l'on pourrait rendre la préparation du protosulfure pur mentionnée dans le Codex obligatoire pour l'usage interne, et prescrire dans celle pour l'usage externe la quantité de chaux vive à employer plutôt que celle de l'hydrate de chaux, et enfin indiquer le poids qu'on doit obtenir par l'évaporation.

P. 59. *Polysulfure de potassium.* Si je ne me trompe, le Codex entend par carbonate de potasse, le carbonate de potasse du commerce (voyez p. XXXII). Or, si c'est de ce carbonate qu'il veut parler, il a tort de dire que le foie de soufre qui en résulte est composé de trisulfure de potassium et de sulfate de potasse seulement; car ce carbonate renferme toujours au moins un tiers de sels étrangers, ce qui fait qu'il y a souvent trop peu de potasse par rapport au soufre: on a donc un polysulfure variable au lieu d'un trisulfure.

Sans doute cette préparation peut servir pour bains, encore vaudrait-il mieux la faire avec du carbonate de potasse purifié par solution concentrée; mais jamais un médecin ne pourrait s'y fier s'il voulait l'employer à l'intérieur. Il serait donc nécessaire que le Codex donnât encore un mode de préparation pour obtenir le trisulfure de potassium pur, ou du moins un sulfure dont on connût exactement la composition, par exemple si on le préparait avec du carbonate de potasse pur 100 p. et du soufre 58 p., on saurait qu'il s'y trouve $3KS^3$ et $\dot{K}\dddot{S}$.

Peut-être pourrait-on aussi remplacer ici la potasse par la soude, qui est un produit indigène, meilleur marché, plus pur et d'un poids atomique moins élevé. Je proposerais même cette substitution partout où cela pourrait se faire sans inconvénient.

P. 65. *Protochlorure de mercure par sublimation* (mercure doux). Si le Codex était écrit pour des fabricants de produits chimiques, je ne m'étonnerais pas du procédé qu'il indique pour préparer le mercure doux; mais, je le demande, est-il permis d'exiger d'un pharmacien qu'il fasse cette opération tellement en grand pour qu'il ait besoin «d'un grand bain de sable en tôle ou en plaques de fonte, placé sur une bonne cheminée et entièrement recouvert par une sorte de cage garnie latéralement de châssis vitrés dont quelques-uns sont mobiles, et qu'on opère ensuite la sublimation par un feu continu pendant trois jours et trois nuits?» — Encore faut-il soumettre le produit obtenu ainsi à une nouvelle sublimation! — Ce serait un calomel fort cher, et pour ma part je conseillerais à mes confrères de reprendre le procédé de l'ancien Codex, qui soumet à deux sublimations successives 400 p. de sublimé corrosif mêlé avec 300 p. de mercure coulant: leur produit sera tout aussi beau et ils épargneront du temps et du combustible. Voici pour la forme de cette préparation; mais en en examinant le fond j'ai presque reculé d'horreur. En effet, en considérant cette prescription:

Mercure.	5000
Acide sulfurique à 66°	6000
Sel marin.	5500

je ne puis m'empêcher de croire que MM. les rédacteurs ne se soient trompés ou qu'ils y aient oublié quelque chose; car bien loin d'obtenir du mercure doux avec ces ingrédients et leur manière d'opérer, on n'obtient que du sublimé corrosif et peu ou point de mercure doux.

On sait que le protosulfate de mercure pur ne se forme que très-difficilement, le plus souvent il y a production d'une grande quantité de deutosulfate et de fort peu de protosulfate, particulièrement si, comme ici, il y a plus que suffisamment d'acide sulfurique pour fournir assez d'oxygène; car nous voyons que:

1 at. de mercure . . . . = 1265,822
a besoin de 1 at. oxygène . . . . = 100

pour se transformer en deutoxyde de mercure, plus un at. d'acide sulfurique pour devenir deutosulfate de mercure; prenons donc 2 at. d'acide sulfurique hydraté $= 2\,\dddot{S}\,\bar{H} = 1227,290$, l'un de ces atomes se décomposera pour donner 1 at. d'oxygène au mercure, tandis que l'acide sulfureux se dégagera et l'autre atome d'acide sulfurique s'unira à l'oxyde pour former le sulfate de deutoxyde de mercure.

Il faudrait donc en poids 4,057 p. d'acide sulfurique à 66 degrés pour transformer 5 p. de mercure en bisulfate; supposons maintenant, ce qui arrive toujours, qu'il se volatilise une certaine quantité d'acide sulfurique

non décomposé, le Codex, en prescrivant de prendre 6000 p. d'acide sur 3000 p. de métal, aura encore donné un excès de près de 2000 p. d'acide, il est donc plus que probable que le sulfate de mercure que le Codex obtient, sera du deutosulfate de mercure: mêlez celui-ci avec du chlorure sodique sec et il y aura formation de sulfate sodique ($\dot{Na}\ \dddot{S}$) et de chlorure mercurique (Hg Cl). Évidemment ici le Codex a oublié d'ajouter au sulfate mercurique une proportion de mercure coulant égale à celui qui s'y trouve déjà pour le transformer en sulfate mercureux ! et dans un livre comme celui-ci un pareil oubli est impardonnable; bien plus, il devrait entraîner la condamnation de tout l'ouvrage. Supposons qu'un pharmacien, se fiant aux proportions du Codex, veuille suivre son procédé pour préparer le mercure doux, n'en pourrait-il pas résulter des malheurs incalculables?

P. 71 *Deuto-chlorure de mercure.* Si l'on devait procéder, comme le veut le Codex, pour la préparation du sublimé corrosif comme pour le mercure doux, il faudrait aussi le soumettre à deux sublimations, dont la première durerait à elle seule trois jours et trois nuits, chose certes fort inutile; car le deutochlorure de mercure n'a besoin d'être sublimé qu'une seule fois et cette opération ne doit guère durer plus de quatre à cinq heures!

J'ai encore remarqué qu'en employant du peroxyde de manganèse dans cette opération, on obtenait presque toujours un sublimé corrosif jaunâtre, provenant du fer qu'il renferme et qui est transformé en chlorure volatil. Il vaudrait donc mieux prendre toutes les précautions pour obtenir un sulfate mercurique pur, afin que le peroxyde de manganèse fût rendu inutile dans l'opération.

74. *Proto-chlorure de fer.* Il y a un contresens dans la description de cette préparation ; au lieu de déterminer la quantité de tournure de fer à employer, le Codex aurait dû déterminer la quantité d'acide, car l'on n'obtient du protochlorure de fer pur qu'avec un excès de limaille, celle-ci doit donc rester indéterminée!

74. *Perchlorure de fer.* Le Codex prescrit de dissoudre l'oxyde rouge de fer dans de l'acide chlorhydrique et d'évaporer à siccité! Or, si je ne me trompe, il appelle oxyde rouge de fer, le colcothar, p. 38, qui ne se dissout presque pas dans les acides ; au moins est-il impossible d'obtenir ainsi une solution saline saturée, cette préparation est donc mauvaise. Il aurait dû dire : prenez de l'hydrate de deutoxyde de fer, que vous dissoudrez dans suffisante quantité d'acide chlorhydrique, ou: ajoutez à une solution de proto-chlorure de fer neutre suffisante quantité d'acide nitrique et d'acide chlorhydrique pour le transformer en deuto-chlorure, ensuite évaporez à siccité.

75. *Fleurs ammoniacales martiales* (*Chloruretum ferroso-ammoniacum*). Le Codex prescrit pour cette préparation, du proto-chlorure de fer et du sel ammoniac qu'il fait dissoudre et évaporer à siccité!

Cette préparation est fautive, car le fer doit y être à l'état de perchlorure ; on n'a qu'à voir là-dessus tous les ouvrages qui en parlent. Anciennement Basil Valentin prenait de la pierre hématite ou du safran de mars astringent et du sel ammoniac pour servir à la sublimation; d'autres prenaient, il est vrai, de la limaille ou du proto-chlorure de fer, qu'ils faisaient sublimer avec l'hydrochlorate d'ammoniaque; mais durant cette opération, la limaille ainsi que le proto-chlorure étaient entraînés par le sel ammoniac et passaient à l'état de perchlorure. Plus tard, comme par la sublimation on obtenait toujours un sel plus ou moins chargé de fer, on s'avisa de dissoudre ensemble du deuto-chlorure de fer et de l'hydrochlorate d'ammoniaque et d'évaporer à siccité. (Si l'on faisait cristalliser, les cristaux n'auraient pas non plus une composition identique). Le sel ainsi obtenu renferme toujours, comme les anciennes flores ammoniacales martiales, du deuto-chlorure de fer; mais de plus il y est dans des proportions constantes, tandis que d'après le Codex, il s'y trouve du chlorure ferreux mêlé d'une plus ou moins grande quantité de chlorure ferrique, suivant que l'évaporation aura été conduite plus ou moins vite.

P. 75. *Chlorure de zinc.* Le Codex prescrit de purifier ce sel par une macération de sa solution sur de la craie, sans réfléchir qu'en place de l'oxyde ferrique, qui en sera séparé, il se dissoudra un équivalent d'oxyde calcique, et que la préparation, au lieu d'être impure par le fer, le devient alors par la chaux. Pourquoi donc ne pas prescrire de l'oxyde zincique fraîchement précipité en place de craie?

P. 79. *Chlorure de sodium.* Je ne sais pourquoi le Codex donne dans ce chapitre un procédé pour découvrir l'iode dans le sel de cuisine. Je prétends qu'on pourrait y ajouter au même titre celui d'y reconnaître le brome (car il y a beaucoup de sources salines, par exemple Soultz-sous-Forêts, qui en renferment), la chaux, la magnésie, etc.; ce ne serait alors plus un Codex, mais un traité des réactifs. Je concevrais encore qu'on indiquât dans chaque chapitre les moyens de reconnaître la pureté des préparations, mais alors il faudrait que la mesure fût générale.

P. 81. *Bromure de potassium.* Le Codex dit que «pour distinguer le bromure de potassium de l'iodure, on doit traiter par l'acide sulfurique concentré qui ne dégage pas de vapeurs violettes.» Cette réaction est insuffisante si l'iode y est en très-petite quantité; car il est souvent difficile de distinguer le mélange des vapeurs violettes d'un peu d'iode au milieu des vapeurs rouges du brome; et, certes, l'amidon d'un côté et l'éther de l'autre valent bien mieux pour caractériser ces deux corps, ou mieux encore les sels d'argent qui forment avec le bromure et le chlorure des composés solubles dans l'ammoniaque, tandis que l'iodure d'argent y est insoluble.

P. 86. *Iodure de fer.* Le sel obtenu par évaporation, comme le Codex le prescrit, est constamment variable dans sa composition, malgré toutes les précautions qu'on pourrait prendre pour l'en empêcher. Il se perd, en effet, toujours une grande quantité d'iode pendant l'évaporation par la réaction de l'oxygène de l'air, et renferme alors de l'oxyde ferrique, de l'iodure ferreux et de l'iodure ferrique en proportions variables, et quand on en fait une solution, celle-ci est brune, trouble et d'une odeur iodurée, tandis que la solution d'iodure ferreux fraîchement préparée est légèrement verdâtre et sans odeur.

On n'a, du reste, qu'à lire, sur cette préparation, l'excellent article de M. Dupasquier, *Journal de pharmacie*, 1841, et les remarques de M. F. Boudet, on y trouvera toutes les améliorations dont elle serait susceptible dans l'intérêt de la thérapeutique.

P. 93. *Cyanure de potassium.* Le Codex parle dans cet article de deux couches qui doivent se former dans la cornue, dont l'une blanche supérieure et l'autre noire inférieure; mais ces deux couches sont bien loin de se présenter toujours, le plus souvent même la masse est inégalement noire, et de celle-là le Codex dit: «qu'elle est difficile à doser à cause du quatri-carbure de fer qui y est en forte proportion et répandu d'une manière inégale dans toute la masse;» mais, au lieu de se borner à indiquer les difficultés, il me semble qu'il devrait prendre pour tâche de donner les moyens d'y remédier! Ainsi, en faisant de la masse entière une poudre homogène, on saurait quelle serait la proportion de carbure de fer qui s'y trouve, et dans le dosage on prendrait cette proportion en sus de la quantité prescrite, on dissoudrait et on filtrerait. Ce moyen, il est vrai, ne serait bon que dans les cas où le médicament serait prescrit en solution, ce qui cependant arrive presque toujours. Ou bien on dissoudrait le cyanure de potassium fraîchement calciné dans le moins d'eau froide possible, et on évaporerait rapidement, de manière à ce que la solution ne fût pas trop exposée au contact de l'acide carbonique du feu ou de l'air atmosphérique (par exemple, sur un bain de sable ou dans une cornue ou un ballon) on arriverait à obtenir un produit assez actif. M. Soubeiran dissout le cyanure de potassium dans l'alcool, parce que celui-ci est plus volatil que l'eau et diminue par conséquent les chances d'altération.

Mais le mieux serait, sans contredit, de substituer au procédé du Codex celui que M. Liebig a récemment publié dans les *Annalen der Chemie und Pharmacie, Band XLI*, et qui consiste à faire sécher fortement huit parties de cyanure ferroso-potassique, à les réduire en poudre fine et à y ajouter trois parties de carbonate potassique sec; ce mélange est ensuite projeté en une fois dans un creuset en fonte préalablement chauffé au rouge obscur; maintenu à la même température, il commence bientôt à se fondre en un magma brun en dégageant beaucoup de gaz; mais bientôt, quand la chaleur arrive au rouge vif, elle devient plus claire et prend une couleur ambrée; si de temps en temps on y plonge un tube de verre chauffé pour en prendre une épreuve, celle-ci sera d'abord brune en se refroidissant, plus tard jaune, et vers la fin de l'opération blanche et de texture cristalline.

Durant la fusion, on voit des flocons bruns nager dans la masse qui peu à peu se réunissent en forme d'éponge, en prenant une couleur grise-brunâtre. Si ensuite on sort le creuset du feu pour le laisser refroidir un peu, il arrive le plus souvent que cette poudre grise se dépose complétement, surtout quand on a soin de remuer une ou deux fois. On décante ensuite la masse encore fondue dans une capsule de porcelaine échauffée, et si l'on use de quelque précaution, il ne s'y mêle aucune parcelle de poudre noire.

P. 96. *Sulfate de fer (proto) cristallisé.* Si l'on ne rend pas la solution de sulfate de fer légèrement acide, au moyen de quelques gouttes d'acide sulfurique, au moment de l'exposer à la cristallisation, on obtiendra toujours un sel d'une couleur peu apparente, qui se couvrira de rouille avec la plus grande facilité; tandis que la liqueur acide, quelque faible qu'elle soit, donnera constamment des cristaux d'un vert clair qui, convenablement séchés, ne se couvriront que difficilement d'oxyde ferrique.

Le Codex devrait préciser aussi dans cette formule la quantité d'acide à employer et non la limaille, puisqu'il recommande plus bas « de mettre un excès de limaille de fer; » dans ce cas, on ne peut plus se diriger pour le fer d'après une quantité prescrite, tandis que pour l'acide on peut très-bien dire : Je veux prendre une quantité donnée d'acide, ni plus ni moins !

P. 99. *Sulfite de chaux et hyposulfite de soude.* Je ne sais trop pour quel usage ces deux préparations se trouvent dans le Codex, si ce n'est pour mutter le vin ou les sucs végétaux?

P. 102. *Proto-nitrate de mercure.* En lisant ce chapitre, je n'ai pu me défendre d'un sentiment de peine en pensant que la mauvaise préparation du proto-nitrate de mercure entraîne celle d'un grand nombre d'autres préparations toutes extrêmement importantes, tels que le mercure doux par précipitation, le mercure soluble de Hahnemann, l'acétate mercureux, etc.

Prenez, en effet, 1000 p. de mercure et 1000 p. d'acide nitrique à 35 degrés; laissez l'opération se faire d'elle-même dans un lieu frais, comme le veut le Codex, et vous verrez si vous obtenez des cristaux de proto-nitrate de mercure pur. — Quant à moi, jamais ce procédé ne m'en a donné, le sel renfermait toujours du deuto-nitrate de mercure, et, de plus, comme il est prescrit de laver avec de l'acide nitrique, il est constamment acide et ne peut être desséché !

Faisons d'abord une distinction nette entre le proto-nitrate de mercure neutre $= \dot{\bar{H}}g + \overset{\therefore}{\bar{N}} + 2\,\bar{H}$ de Liebig et le proto-nitrate de mercure basique soluble du même auteur $= 3\,\dot{\bar{H}}g + 2\,\overset{\therefore}{\bar{N}} + 3\,\dot{\bar{H}}$; car le Codex confond tout cela, et cependant il est essentiel d'être fixé sur ce point.

1. Pour obtenir le premier (le proto-nitrate neutre), il faut laisser réagir sur le mercure (1000 p.) à froid et pendant plusieurs mois de l'acide nitrique en excès (500 p.), délayé avec trois à quatre fois autant d'eau; alors seulement la réaction est assez faible pour ne permettre que la formation de cristaux de proto-nitrate de mercure neutre ! — C'est là le sel qui devrait figurer dans le Codex.

2. Pour obtenir le *proto-nitrate basique soluble* qui sert communément pour faire les autres préparations qui exigent un proto-sel, il faut prendre, au contraire, un excès de mercure et de l'acide nitrique faiblement délayé (à 27 degrés R. à peu près), chauffer d'abord modérément jusqu'à ce qu'il ne se dégage plus de vapeurs rutilantes, et faire bouillir ensuite pendant quelque temps, tout en y ajoutant de temps à autre un peu d'eau pour remplacer celle qui s'évapore, jusqu'à ce que tout le deuto-nitrate, d'abord formé, soit transformé en proto-nitrate basique, en prenant garde cependant de ne pas chauffer jusqu'à ce que la solution commence à jaunir, ou qu'il ne s'y forme un précipité de la même couleur, ce qui indiquerait la présence du sous-nitrate mercureux et exigerait une nouvelle addition d'acide nitrique. Quand les réactifs ne démontrent plus de trace de deuto-nitrate, on décante pour en séparer le mercure coulant et on brasse jusqu'à refroidissement; le proto-nitrate basique soluble se précipite alors sous la forme d'une poudre cristalline blanche. Si cependant ce proto-nitrate devait servir aussitôt à une préparation ultérieure, par exemple pour le mercure soluble de Hahnemann, on n'aurait qu'à évaporer encore le sel presque jusqu'à siccité, retirer du feu et broyer, pendant une demi-

heure, dans un mortier en porcelaine, pour former, avec l'excès de mercure métallique, une poudre grise, qui est ensuite dissoute dans de l'eau acidulée par l'acide nitrique, l'excès de mercure coulant seul reste; la solution est ensuite filtrée pour servir aux différentes préparations.

Par ce procédé on obtient une solution de proto-nitrate de mercure sans mélange de deuto-nitrate, qui précipite par l'ammoniaque en noir et ne forme pas un atome de sublimé corrosif par l'acide hydro-chlorique.

Arrivons maintenant aux applications :

1. *Proto-chlorure de mercure par précipitation.* Le Codex, sans même indiquer la force de l'acide nitrique à employer, ce qui, je le pense du moins, donne à entendre que l'on doit prendre de l'acide nitrique à 35 degrés, comme dans le paragraphe 34, prescrit : «de prendre 1500 p. d'acide sur 1000 p. de mercure, de laisser réagir à froid pendant un jour ou deux, de séparer ensuite les cristaux et de les dissoudre avec de l'eau acidulée.» Évidemment il y a ici un grand excès d'acide, et les cristaux qui se forment renferment du proto et deuto-nitrate de mercure; on obtient donc, d'après le Codex, par l'acide hydro-chlorique un précipité de proto-chlorure de mercure, sali par une grande quantité de sublimé corrosif; ce qui vous donne non-seulement une perte évidente de matière, car ordinairement l'on ne recueille pas le sublimé corrosif contenu dans les lavages, mais encore une préparation qu'on a beaucoup de peine à rendre pure. D'ailleurs, le Codex dit lui-même, en terminant l'article, que la liqueur séparée des cristaux renferme un mélange de proto et deuto-nitrate de mercure; il faut donc que le liquide qui se trouve entre les cristaux soit composé de même !

2. *Proto-nitrate ammoniaco-mercuriel* (syn. *Mercure soluble de Hahnemann*). Berzélius dit que cette préparation est composée de nitrate ammonique et d'oxyde mercureux ; si donc l'acide nitrique se partage entre les deux bases, c'est un sous-nitrate ammoniaco-mercuriel et non un nitrate simple comme le nomme le Codex.

Le détail que donne le Codex de cette préparation en est la meilleure critique. Il dit de cesser d'ajouter de l'ammoniaque dès que le précipité paraîtra plus pâle; or c'est ce qui indique justement la présence du deuto-nitrate de mercure, et si malheureusement l'on prend du nitrate du Codex, ce point-là arrive très-vite ; tandis que préparé comme je l'ai dit plus haut, on obtient un précipité noir presque jusqu'au bout. Même avec le proto-nitrate le plus pur, on ne peut pas précipiter tout le protoxyde de mercure par l'ammoniaque; car vers la fin, le nitrate ammonique qui se forme, réagissant sur une portion de sous-nitrate mercureux, s'y combine et produit un précipité d'un aspect gris.

3. *Proto-acétate de mercure.* Ici encore le précipité sera fort peu abondant, par la raison que le deuto-nitrate de mercure, qui se trouve dans le proto-nitrate du Codex, formera avec l'acétate de soude du deuto-acétate de mercure soluble ; la quantité de précipité sera donc considérablement diminuée, et comme l'on est obligé de laver beaucoup pour enlever complétement le deuto-sel, et que le proto-acétate est aussi un peu soluble, le précipité se réduit presqu'à rien !

4. *Proto-tartrate de mercure.* Dans cette préparation, le mal devient encore plus grand par la raison que le proto et deuto-tartrate de mercure

sont à peu près aussi peu solubles l'un que l'autre; ils restent par conséquent mélangés et aucun lavage ne pourrait les séparer.

Je verrais avec plaisir la réforme de ces cinq préparatious.

P. 107. *Sous-nitrate de bismuth.* Cette préparation pèche par un point essentiel: si l'on prend les proportions de métal et d'acide nitrique à 35 degrés, prescrites par le Codex, on obtient durant la dissolution du premier une grande quantité de sous-nitrate de bismuth jaune et insoluble même dans un grand excès d'acide nitrique, ce qui occasionne une perte non sans valeur, le bismuth étant toujours d'un prix assez élevé! — Pour parer à cet inconvénient et pour que cette opération réussisse, il faut délayer l'acide jusqu'à ce qu'il n'ait plus qu'une densité de 1,25, y ajouter ensuite peu à peu environ un quart de son poids de métal en s'aidant de la chaleur pour hâter la saturation. Dès qu'on voit se former un précipité jaune grisâtre (sous-nitrate de bismuth), on ôte du feu, on délaye avec une partie égale d'eau, on expose à la réposition pour laisser se précipiter encore un léger dépôt, et enfin on le verse dans une quantité d'eau telle, qu'il y en ait à peu près 30 p. sur une de métal en dissolution; une plus grande quantité d'eau ferait de nouveau disparaître le précipité (*Geigers Handbuch der Pharm.*, p. 481). Vouloir évaporer la solution obtenue primitivement, serait hâter la formation d'une nouvelle quantité de sous-nitrate de bismuth insoluble.

Le Codex oublie également de prévenir l'opérateur qu'il ne laisse le précipité que fort peu de temps en contact avec l'eau mère acide, afin que le séjour prolongé ne le rende pas grenu et d'une texture cristalline (Buchholz, *Theorie und Praxis*).

P. 119. *Arsénite de potasse* (syn. *Liqueur arsénicale de Fowler*). Voyez sur cette préparation les observations judicieuses de M. Selle (*Journ. de pharmacie*, 1837).

P. 125. *Vinaigre radical.* Je voudrais voir aussi introduire dans le Codex le vinaigre de bois pur; car c'est une préparation à bon marché, et elle peut, dans le plus grand nombre de cas, très-bien remplacer le vinaigre radical qui revient fort cher.

P. 126. *Vinaigre distillé.* Le degré de force qu'il doit avoir pour l'usage pharmaceutique n'y est pas même indiqué.

P. 133. *Morphine.* Il se trouve dans la préparation de cet alcaloïde un fait fort peu pratique, c'est d'employer 40 p. d'eau pour extraire une seule partie d'opium! tandis que la moitié serait déjà suffisante. Cela ne sert qu'à rendre l'opération plus dispendieuse et à la traîner en longueur; d'ailleurs plus on emploie de véhicule dans ces sortes d'extractions, plus celui-ci dissout de substances étrangères résineuses ou autres, et plus la purification devient embarrassante et difficile.

P. 132. *Acide tannique.* Ce procédé est sans doute relaté ici pour donner aux pharmaciens l'occasion d'extraire aussi par déplacement; car l'expérience a prouvé que deux macérations successives donnent au moins un tiers d'acide tannique de plus que le procédé par déplacement, sans pour cela employer plus d'éther. Par déplacement, 375 gr. de poudre de noix de Galle ont donné 125 gr. d'acide tannique, et par deux macérations, 185 gr. Il n'est pas nécessaire non plus qu'on laisse perdre l'éther qui se trouve dans la liqueur inférieure; il peut en être retiré tout aussi bien que de la liqueur supérieure, et certes cela en vaut encore la peine; seu-

3.

lement, il faut que vers la fin le feu soit conduit très-modérément, pour empêcher que le tannin ne brunisse.

138. *Strychnine.* Il me semble que le Codex pourrait fort bien dire de prendre de la noix vomique *réduite en poudre assez fine*, sans quoi l'on obtient fort peu de strychnine. Quant à la séparation de la brucine, le procédé du Codex, qui prescrit des cristallisations réitérées, est assez long et même dispendieux; il vaudrait bien mieux faire macérer d'abord le précipité à froid dans de l'alcool à 20° Cart., qui dissoudrait la brucine, plus une certaine quantité de matière colorante, et de faire bouillir ensuite avec l'alcool à 33° Cart. pour obtenir la strychnine. M. Soubeiran conseille ce procédé dans son *Traité de pharmacie*, t. I, p. 649.

Je ferai encore observer que l'extraction de la noix vomique par l'alcool à 20° Cart., donne toujours plus de strychnine avec moins de difficulté dans sa purification que celle par l'eau recommandée par le Codex, qui vous donne un magma énorme et des évaporations dispendieuses.

P. 143. *Sous-acétate de plomb liquide.* Je ne sais trop pourquoi le Codex prescrit de faire bouillir l'eau avec l'acétate de plomb et la litharge ! — Une simple macération de quelques jours suffit pour opérer la solution.

P. 145. *Acétate d'ammoniaque liquide* (syn. *Esprit de Mindererus*). Dans ce chapitre le Codex dit : que l'esprit de Mindererus n'est autre chose que l'acétate d'ammoniaque impur ! — Il aurait dû ajouter : avec la différence que l'esprit de Mindererus est au moins de moitié moins fort que l'acétate d'ammoniaque liquide; car le vinaigre distillé ordinaire avec lequel on le préparait a une densité de 1009,5, et l'acide acétique que le Codex emploie pour l'acétate d'ammoniaque en a une de 1022,00 ou trois degrés aréométriques. Il est donc clair que celui-ci saturera plus du double de la quantité d'ammoniaque que sature le vinaigre ordinaire !

P. 146. *Tartrate de potasse et d'antimoine* (syn. *Tartre stibié*). Je ne crois pas qu'une personne qui connaît les différents procédés pour préparer le tartre stibié, soit tentée de suivre plus d'une fois celui du Codex; il n'a pour lui que son ancienneté. M. Soubeiran lui-même dit (*Traité de pharmacie*, première édition, p. 594) : qu'on préparait *autrefois* l'émétique suivant le procédé du nouveau Codex, mais qu'aujourd'hui on préférait le procédé de la pharmacopée de Dublin avec l'oxichlorure d'antimoine, suivant les travaux comparatifs de M. Henry; car : 1° on a de la peine à débarrasser le tartre émétique du Codex, du tartrate de chaux qu'on trouve d'ordinaire à la surface des cristaux; 2° la couleur jaune que lui communique la présence du tartrate de fer et de potasse ne s'enlève que fort difficilement par des cristallisations réitérées et dispendieuses; 3° quand même il fait évaporer les eaux mères à siccité pour rendre la silice insoluble, l'arséniate de potasse qui s'y trouve ordinairement, se dissout de nouveau et peut fort bien encore rendre les dernières cristallisations impures; 4° au lieu de faire bouillir l'eau avec le mélange de crême de tartre et le verre d'antimoine, il devrait seulement les faire digérer ensemble et à la fin chauffer jusqu'à + 80—90° centigr., puis filtrer et laisser cristalliser par refroidissement. Cette précaution empêcherait en grande partie la formation du tartrate de potasse et de fer, et donnerait par conséquent des cristaux presque blancs dès la première cristallisation; la silice aussi se dissoudrait en moindre quantité, et permettrait d'épuiser mieux les eaux mères par des cristallisations successives.

Le procédé par l'oxyde d'antimoine et celui par l'oxichlorure de la pharmacopée de Dublin seraient préférables à celui du Codex sous tous les rapports.

Tartrate neutre de potasse. Le Codex prescrit de faire cristalliser ce sel; mais il me semble que ce serait se donner trop de peine; les cristaux qu'on en obtient dessèchent difficilement et attirent l'humidité. Il serait plus pratique d'évaporer à siccité la solution épurée et de renfermer le sel dans un bocal bien bouché. Il va sans dire qu'il faudrait prendre du carbonate de potasse purifié.

P. 156. *Sulfate de quinine.* Ce procédé pèche contre tous les faits de l'expérience. M. Soubeiran lui-même, un des rédacteurs du Codex, prémunit déjà l'opérateur, dans la première édition de son *Traité de pharmacie* (t. I, p. 601), contre les évaporations en disant : « Dans cette série d'opérations on évite avec soin l'évaporation des eaux mères, car il se produirait alors des matières colorées qui s'attachent au sulfate et dont on a la plus grande peine à le débarrasser. » Et un peu plus loin, sur la même page, il dit : « Les liqueurs alcooliques sont réunies, on les acidule avec de l'acide sulfurique faible, de manière à ce qu'elles aient à peine de l'action sur le papier tournesol, etc. » ; et cependant le Codex distille d'abord l'alcool, et alors seulement il reprend par l'eau acidulée pour exposer l'opérateur à tous les inconvénients que M. Soubeiran vous indique si bien, et qu'on pourrait éviter si l'on acidulait avant de commencer la distillation; car la quinine obtenue sous la forme résineuse est comme combinée avec la matière colorante, et ne se laisse purifier que fort difficilement. Aussi le procédé que M. Soubeiran indique dans son ouvrage, est-il aujourd'hui suivi partout où il se fabrique du sulfate de quinine; mais pour les pharmaciens, le Codex trouve l'ancien procédé encore assez bon !

P. 159. *Chlorhydrate, nitrate et acétate de quinine.* Pourquoi ne pas adopter pour ces trois préparations un procédé uniforme; n'aurait-on pas pu prendre pour la préparation de l'acétate de quinine, également de l'acétate de baryte, comme l'on a fait prendre du chlorhydrate et du nitrate de baryte pour préparer le chlorhydrate et le nitrate de quinine ?

P. 161. *Hydroferro cyanate de quinine.* Cette préparation pèche par les proportions : en effet, 31 p. de cyanure ferroso-potassique ne suffisent pas pour décomposer entièrement 100 p. de sulfate de quinine ! Nous savons que pour former du cyanure ferroso-quinique, 2 proportions de quinine remplacent toujours 1 proportion de potassium dans le cyanure ferroso-potassique, et comme dans ce sel il y a 2 proportions de K = 979,832, elles sont remplacées par 4 proportions de quinine = 8222,124. Or, si nous prenons le nombre atomique du cyanure ferroso-potassique = 2646,218 qui renferme 2 proportions de K = 979,832, il faut 2 proportions de sous-sulfate de quinine = 9674,374 renfermant 4 proportions de quinine pour que la décomposition puisse être complète ; et cependant 31 : 2646,218 : : 100 : 8536,187, tandis qu'il faudrait le nombre 9674,374 pour correspondre à 100 p. de sulfate de quinine ; au lieu de 31 p. de cyanure ferroso-potassique pour 100 p. de sulfate de quinine, il en faudrait donc 35,13, en supposant que les sels employés fussent entièrement purs; mais comme le cyanure ferroso-potassique renferme quelquefois encore du sulfate potassique, et qu'il est à peu près indifférent dans cette opération qu'il y ait un petit excès de cyanure ferroso-potassique, tandis qu'il s'agit d'être économe du sulfate de quinine à cause de son prix, il n'y aurait rien de trop si l'on portait la quantité de cyanure ferroso-potassique à employer à 40-45 p. sur 100 p. de sulfate de quinine.

P. 169. *Alcool à 40 degrés.* Est-il prudent de prendre de l'acétate de potasse desséché pour préparer l'alcool à 40 degrés? Ce sel ne se décompose-t-il pas un peu pendant l'évaporation, n'abandonne-t-il pas constamment un peu de son acide, et pour cette raison l'acétate desséché n'est-il pas constamment alcalin? — Il doit donc passer de l'acide acétique avec l'alcool qui distille et le rendre impur! — Certainement le chlorure de calcium et même le carbonate de potasse calciné seraient préférables pour cette opération, aussi bien sous le rapport de la pureté du produit, que sous celui de l'économie.

P. 172. *Éther acétique.* Si pour faire cette préparation l'on suit le procédé du Codex (alcool à 33° Cart. 3000, acide acétique 2000, acide sulfurique 625), on obtient toujours un produit qui renferme 1° beaucoup d'alcool; 2° de l'éther sulfurique souvent en assez grande quantité; 3° de l'eau; et enfin, comme il s'agit avant tout de se procurer de l'acide acétique du Codex, qui est le vinaigre radical, ce procédé ne laisse pas d'être très-dispendieux. Il est vrai que le prix lui importe fort peu, et qu'il a pris ses précautions pour ce qui regarde la pureté du produit, en déclarant à la fin du chapitre: «que cet éther n'était pas pur, qu'il renfermait encore beaucoup d'alcool!» Ne vaudrait-il donc pas bien mieux se servir d'acétate sodique ou plombique au lieu de vinaigre radical? les produits en deviendraient plus purs et reviendraient moins cher. (Voyez *Geigers Handbuch der Pharmacie*, revu par M. Liebig, p. 748, ou le *Traité de pharmacie* de M. Soubeiran, t. VII, p. 604).

Acétate plombique anhydre	16 p.
Alcool	4 1/2
Acide sulfuriqne	6
Acétate sodique cristallisé	10
Acide sulfurique	15
Alcool à 85 degrés	6

P. 175. *Urée.* Le Codex pourrait fort bien recommander d'employer une capsule en porcelaine pour l'évaporation de l'urine plutôt qu'une bassine en cuivre; car fraîche, elle est acide et par conséquent capable d'attaquer la bassine, et une fois hors de la vessie pendant quelques heures, elle commence à devenir alcaline et renferme de l'ammoniaque libre qui attaque tout aussi bien le cuivre au contact de l'air que les acides. Il serait donc utile d'éviter cette complication dans l'opération. Encore préférerais-je me servir de l'urée préparée de toute pièce d'après le procédé de Liebig avec le ferrocyanure de potassium, le peroxyde de manganèse et le sulfate d'ammoniaque (*Annalen der Chemie und Pharmacie*, vol. XXXVIII, p. 108), il en résulterait une grande économie et le remède serait moins dégoûtant à prendre pour le malade.

P. 183. *Succinate d'ammoniaque impur.* Peut-on trouver quelque chose de plus incertain que cette préparation? — Le Codex prescrit de prendre 100 p. d'esprit volatil de corne de cerf, de saturer par l'acide succinique pyro-huileux, de filtrer et de conserver pour l'usage! — On sait cependant que la composition de l'esprit volatil de corne de cerf est toujours variable, qu'il renferme l'acétate et le carbonate d'ammoniaque en plus ou moins grande quantité, et qu'il en est de même des différents produits pyrogénés huileux et odorants (eupione, picamare, parafine, naphtaline, odorine, etc.), qui y sont contenus; il saturera donc une quantité d'acide succinique plus ou moins grande, ce qui rendra la préparation incertaine dans son action! N'aurait-il pas mieux valu dire, comme la pharmacopée de Prusse:

Rp. Acide succinique purifié une partie, dissolvez dans 8 p. d'eau; ajoutez carbonate d'ammoniaque pyro-huileux sec, quantité suffisante pour la saturation, filtrez et conservez pour l'usage.

D'après ce procédé on a du moins toujours une préparation à peu près identique; car la pharmacopée ajoute encore que sa densité doit être = 1,045 — 1,055, tandis que le Codex trouve cette indication superflue; cependant c'est un médicament assez énergique pour ne pas négliger cette précaution.

198. *Poudres simples.* Je trouve en tête de ce chapitre un grand article de généralités sur les différents modes de pulvérisation; tandis qu'on a à peine touché à la tamisation et particulièrement aux différents degrés de finesse des poudres qu'on obtient par ce moyen, suivant les mailles plus ou moins serrées des tamis. En effet, est-ce l'affaire du Codex que de nous apprendre les différents modes de pulvérisation, de trituration, etc.? Qu'il laisse ces choses aux ouvrages élémentaires et qu'il s'occupe d'objets plus importants en pharmacie et en médecine pratique. Ne devrait-il pas, par exemple, fixer les différents degrés de finesse des poudres suivant les substances et l'usage qu'on veut en faire, et nous dire ce qu'il entend par poudre *grossière, fine, très-fine et impalpable*, en prescrivant de faire passer les poudres à travers des tamis de soie, de crin etc., qui auraient un nombre déterminé de fils par millimètre carré! — Tant qu'une pareille loi n'existera pas, il sera impossible de maintenir une bonne police dans les pharmacies, où l'on trouve souvent des poudres de quinquina, de jalap, d'ipécacuanha, de calomel qui vous permettent de compter à l'œil nu les parcelles dont elles sont composées, et cependant il est de la dernière importance que ces substances soient finement pulvérisées pour qu'elles agissent convenablement et avec toute leur énergie! Mais au lieu de cela, la plupart des paragraphes du Codex qui traitent des poudres se terminent par la recommandation «de pulvériser par trituration, par contusion, etc.!»

P. 205. *Poudre de racine de fougère mâle.* Pourquoi ne pas faire pour cette racine, la même observation qui a été faite plus loin pour la poudre de scille, c'est-à-dire, «de la remettre à l'étuve après sa préparation et de l'enfermer dans des bocaux bien secs et de petite capacité. On doit d'ailleurs n'en préparer que de petites quantités à la fois.» Il est cependant si important d'administrer la fougère mâle dans un bon état de conservation, afin d'en obtenir de bons effets.

P. 214. *Poudre de vanille.* Le Codex, en prescrivant de pulvériser 32 p. de vanille avec 64 p. de sucre, exige une chose impossible; car la bonne vanille renferme toujours assez d'humidité dans ses gousses pour rendre deux fois autant de sucre encore assez moite pour qu'un tamis de *soie* ne laisse à peu près rien passer à travers ses mailles, et certainement on ne voudra pas qu'elle soit préalablement séchée à l'étuve! Il faudrait ou prescrire une plus grande quantité de sucre, ou y substituer du sucre de lait, et, dans tous les cas, supprimer le tamis de soie pour le remplacer par un tamis de crin à mailles moins serrées!

P. 215. *Agaric blanc.* Le Codex ne veut pas qu'il reste de résidu quand on pulvérise l'agaric blanc; cependant j'ai toujours remarqué qu'il restait une fibre élastique presque impossible à réduire en poudre et qu'on pourrait fort bien rejeter, d'autant plus qu'elle est moins active que la première poudre.

P. 217. *Poudre de suc de réglisse.* Il me semble que le Codex ne devrait permettre la pulvérisation du jus de réglisse qu'après avoir été purifié, car il renferme si souvent des parcelles de cuivre, qu'il pourrait fort bien en résulter des accidents fâcheux. En effet, que de fois ne prescrit-on pas de l'esprit de sel ammoniac anisé avec le jus de réglisse dans les catarrhes, etc.! — Et, du reste, le jus de réglisse du commerce ne renferme-t-il pas toujours la moitié de son poids de substances insolubles (amidon, inuline, etc.)!

Dans le même paragraphe se trouve encore l'aloës et le cachou, qui trop souvent renferment assez de substances étrangères pour ne pas permettre qu'on les pulvérise sans laisser de résidu.

P. 218. *Poudre de gomme ammoniaque.* Le Codex dit simplement de pulvériser cette gomme-résine par trituration et de la passer au tamis. L'Assa-fœtida, le Galbanum, l'Opopaxax et l'Oliban doivent être traités de la même manière! — Il aurait dû ajouter que cette opération ne peut se faire que par un temps froid (quelques degrés au-dessous de zéro), du moins pour ce qui regarde les trois premières gommes-résines; car si on voulait les sécher à l'étuve, on leur enlèverait non-seulement l'humidité qu'elles pourraient renfermer, mais aussi toute leur huile essentielle, et leur activité en souffrirait beaucoup.

P. 219. *Poudre de castoreum.* Il n'est pas possible de pulvériser le castoreum sans résidu, car il reste toujours une quantité de membranes tenaces que le pilon ne peut plus diviser et dont il serait également impossible de priver la glande avant de commencer l'opération, comme le Codex le désire. Il vaudrait donc mieux dire : pilez jusqu'à ce qu'il ne passe plus rien à travers le tamis et rejetez le résidu. Pour le castoreum, la dessiccation préalable est aussi nécessaire, tandis que pour la pulvérisation du musc on se sert plutôt d'intermèdes, tel que la gomme, le sucre de lait, etc.

P. 221. *Poudre de verdet.* Je trouve sous cette rubrique le *sulfate de fer*, qu'il est impossible de faire passer à travers un tamis de soie, à moins qu'il ne soit effleuri.

P. 222. *Poudre de suroxalate de potasse.* Le Codex devrait dire pour le sel d'oseille, aussi bien que pour presque toutes les substances inscrites sous cette rubrique : pulvérisez par trituration! au lieu de dire : «pilez par contusion;» quiconque sait ce que c'est que la pulvérisation trouvera cette observation juste.

Il faut avouer que dans le même paragraphe le Codex traite la pulvérisation du calomel fort légèrement, quand il se contente de prescrire : «pilez par contusion dans un mortier de verre ou de porcelaine», sans même dire un mot de son degré de tenuité. En effet, n'est-il pas de la plus haute importance en médecine que ce médicament soit administré sous la forme d'une poudre très-fine ; et ne devrait-on pas prescrire ici la levigation ou, comme dit le Codex, la *dilution*, afin de séparer les parties les plus fines de celles qui le sont moins et pour le débarrasser en même temps par ces lavages du sublimé corrosif qui pourrait encore y adhérer ? !

P. 227. *Pulpe de casse.* C'est une singulière manière de faire la pulpe de casse que celle du Codex ! — Je n'ai jamais vu de gousse dont la pulpe eût pu être pulpée sans l'intermède de l'eau ! ce qui cependant ne lui paraît pas toujours nécessaire, pas plus que l'emploi du feu pour donner à la pulpe la consistance voulue. Le Codex fait donc la pulpe de casse sans eau et sans feu, tandis que je prétends qu'il faut toujours commencer par délayer la pulpe avec de l'eau tiède, pulper ensuite et évaporer à une consistance suffisante, pour qu'elle se conserve au moins pendant quelque temps.

Les pulpes de Tamarins et de Cynorrhodons ont également besoin d'être inspissées pour qu'elles se conservent bien.

Pour assurer au pharmacien une bonne pulpe de casse, qui puisse se conserver indéfiniment, je voudrais que l'on évaporât la pulpe à siccité au bain-marie ou à la chaleur de l'étuve; ensuite on pulvériserait et on la conserverait dans des fioles bien bouchées. Une partie de cette poudre, délayée avec autant d'eau, donne une pulpe aussi bonne que si elle était fraîchement préparée.

P. 230. *Des sucs.* Le Codex ferait peut-être mieux de substituer au procédé d'Appert, qui donne de trop grandes pertes par la casse, pour conserver les sucs, celui qui consiste à mettre les bouteilles remplies à peu près jusqu'au milieu du col dans un bain-marie, à faire bouillir l'eau jusqu'à ce que le jus cesse de former une écume à sa surface, et à boucher ensuite de manière que le bouchon, préalablement mouillé, touche le suc ; par le refroidissement le liquide se retire un peu, et il se forme une espèce de vide entre le bouchon et le liquide, ce qui maintient d'ailleurs le bouchon avec une force extrême. C'est le procédé que j'emploie pour conserver mes sucs et toujours avec un plein succès.

P. 243. *Huile d'œufs.* Il me semble que l'expression pure et simple des jaunes d'œufs privés de leur humidité serait préférable au procédé du Codex, qui les épuise par l'éther; car celui-ci dissout non-seulement l'huile et la matière visqueuse dont parle le Codex, mais encore une espèce de résine et de la matière colorante qui restent en dissolution dans l'huile et lui communiquent une couleur foncée, une odeur désagréable, et un degré de liquéfaction plus élevé qu'à celle obtenue par expression, qui est au contraire très-fusible, sans odeur désagréable et d'un jaune clair.

P. 246. *Tisane de racines de quassia amara.* Le Codex se trompe s'il croit qu'on emploie les racines quassia amara ; c'est le bois et l'écorce de cet arbre qui est employé !

P. 246. *Tisane de chiendent.* Tout le monde sait que la racine de chiendent concassée s'extrait supérieurement bien par infusion, et même, suivant MM. Henri et Guibourt, la température de + 20 — 30° Cart. suffit déjà ; mais cela ne suffit pas au Codex : il veut qu'on en fasse une décoction d'une demi-heure, ce qui ne sert qu'à donner une tisane trouble et d'un arrière-goût désagréable, tandis que la tisane obtenue par infusion est claire et agréable au goût.

Du reste, un peu plus loin, le Codex se réfute lui-même quand il prescrit de faire l'extrait de chiendent par *macération*, au moyen d'eau *distillée* de 15-20 degrés de température.

P. 150. *Tisane d'orge.* Le Codex prescrit de cuire l'orge ordinaire jusqu'à ce qu'elle soit bien crevée! Quant à moi, je n'en ai jamais vu de bien crevé, même après des décoctions très-prolongées; aussi est-il fort heureux qu'il y entre de la racine de réglisse, sans quoi cette tisane équivaudrait à peu près à de l'eau chaude légèrement jaunie. Ne vaudrait-il pas mieux faire prendre de l'orge perlé?

P. 252. *Limonade tartrique.* Le Codex n'aime pas, à ce qu'il paraît, que les proportions se ressemblent dans des préparations du reste fort analogues, sans quoi il mettrait pour la limonade tartrique probablement aussi 1000 p. d'eau comme pour l'hydromel simple, au lieu de 936 p.

A propos des tisanes, je me permettrai de faire remarquer une importante omission. Si le Codex donne des formules pour les tisanes, il devrait à plus forte raison donner des proportions exactes pour les décoctions, infusions et macérations destinées à entrer dans des potions, des mixtures, etc. Dans les pharmacies, il ne se passe presque pas de jour sans qu'il vous arrive des formules qui prescrivent, par exemple : Rp. Infusion de fleur d'oranger, 120 grammes; décoction de guimauve, infusion forte ou faible de tilleul, infusion forte de valériane, etc. Que le Codex nous donne en tableau une proportion déterminée pour chaque substance, qu'il nous dise ce que nous devons entendre par décoction ou infusion forte, faible et moyenne, et qu'il nous tire enfin de cet embarras qui très-souvent fait qu'une même potion, préparée dans deux pharmacies différentes, ne se ressemble plus, parce que chacune part d'une autre base. Il est vrai qu'on pourrait dire que les médecins doivent eux-mêmes indiquer les proportions; mais malheureusement cela n'arrive pas toujours; aussi le conseil de santé de Berlin a-t-il cru nécessaire de faire cette prescription d'une manière toute spéciale dans la feuille officielle, et je crois que ce serait un exemple à suivre.

P. 256. *Tisane royale.* Il me semble qu'un tant soit peu de réflexion aurait suffi pour déterminer MM. les rédacteurs à remplacer dans cette formule le cerfeuil frais, qu'on ne peut pas toujours se procurer en hiver, par du cerfeuil sec ou par quelque semence d'ombellifère.

P. 290. *Émulsion simple.* Partout le Codex se caractérise par ses incertitudes et son allure vacillante! — A quoi voulez-vous que le pharmacien se tienne, s'il reçoit, par exemple, la formule que voici :

		grammes.
Rp.	Émulsion d'amandes,	120
	Eau de laurier cerise,	8
	Sirop diacode,	30
	Mêlez?	

Il ouvrira le Codex au paragraphe *émulsion simple* et il trouvera : « Rp. Amandes et sucre ana, 32 grammes; eau, 1000 grammes : pilez les amandes, etc., pour faire une émulsion.» Et plus bas : « L'émulsion ainsi préparée est prescrite comme tisane; on en prescrit *quelquefois de plus con-*

centrées, et alors elles *s'emploient* à la dose de quelques onces.» — Est-ce qu'ici le Codex ne devrait pas indiquer le degré de force de cette émulsion concentrée destinée aux potions, au lieu de nous laisser dans le vague?

P. 263. *Mucilage de lin, de coings et de guimauve.* Le Codex, en mettant sous la même rubrique ces trois substances, pour en obtenir des mucilages avec des proportions égales, commet une faute grave; 32 grammes de racines de guimauve ne sont, en effet, pas trop pour obtenir avec 192 grammes d'eau un mucilage assez épais; mais prendre 32 grammes de semences de coings pour 192 grammes d'eau, là où 5 grammes seraient déjà suffisants, cela dépasse toute permission! — Il en est de même du mucilage de graine de lin, qui serait beaucoup trop épais.

P. 266. *Potion gazeuse.* Il y a évidemment une erreur dans la formule de cette potion, quand le Codex dit de prendre d'une part: 2 grammes de bicarbonate de potasse et 16 grammes de sirop d'écorces de citrons, ce qui fait en tout 18 grammes; et de l'autre: 16 grammes de suc de citrons, 16 grammes de sirop de limons et 64 grammes d'eau, en tout 96 grammes; et de faire prendre successivement au malade parties égales de chacune de ces potions!

Probablement il manque dans le premier mélange 78 p. d'eau pour le rendre égal en volume au second, sans quoi on prendrait d'un coup tout le bi-carbonate de potasse et seulement la sixième partie de la potion acide.

P. 273. *Teintures alcooliques.* Je ne comprends pas comment on a pu laisser subsister dans le nouveau Codex les trois sortes d'alcool qu'on emploie pour la préparation des teintures avec les mêmes degrés de force! — Quelle corrélation y a-t-il, en effet, entre l'alcool à 21 degrés Cartier, et celui à 31° et à 34 degrés? Du premier au second, il y a 10 degrés de différence, et de celui-ci au troisième, il y en a 3 seulement. Ne devrait-il pas y avoir une succession plus égale dans les degrés de force; car certainement les principes que l'alcool à 34 degrés Cartier extrait, l'alcool à 31 degrés est bien près de les extraire aussi; tandis qu'il existe une lacune entre le 21e et le 31e degré. On aurait fort bien pu descendre du 21e degré au 18e; car la plupart des substances herbacées, et particulièrement les plantes narcotiques, s'extrayent mieux avec un alcool faible qu'avec un alcool fort; quant au 34e degré, comme c'est celui de l'alcool 3/6 du commerce, il serait bon de le conserver, parce que cela épargnerait la peine de changer sa force; mais pour la qualité moyenne, on aurait dû prendre le degré intermédiaire entre les deux extrêmes, ce qui nous aurait conduit au 26e degré. De l'alcool à 40 degrés, il n'en est pas même question, quoiqu'il soit indispensable pour différentes préparations, telles que la teinture d'iode, où un alcool moins fort ne dissout pas toute la quantité d'iode qu'indique la formule; la teinture de succin, où l'alcool à 34 degrés ne dissout presque rien, et cependant pour ces deux préparations le Codex ne prescrit que de l'aloool à 34 degrés.

Quant aux proportions respectives de véhicule et de substance à extraire, je trouve toujours le nombre 4 sur 1, et pourtant, quand il s'agit de la préparation de certaines teintures où il entre des substances légères, des herbes, des fleurs, etc., 4 parties de véhicule ne sont pas même suffisantes pour bien les mouiller; à plus forte raison ne suffiront-elles pas à bien les extraire; je citerai pour exemples les teintures de digitale, d'aconit, de belladone, de fleurs d'arnica, etc., préparations si énergiques qui deviennent par là variables dans leur action et ne représentent pas fidèlement le degré d'activité de l'herbe qui a servi à les préparer. La pharmacopée de Prusse admet 6 parties sur une substance à extraire, et MM. Henri et Quibourt, sentant la faute grave dans laquelle était déjà tombé l'ancien Codex, proposèrent 8 sur 1. Cette dernière proportion est à la vérité un peu trop faible et pourrait laisser jouer un trop grand rôle à l'alcool lui-même dans certains cas; mais à coup sûr la proportion adoptée par la pharmacopée de Prusse aurait fort bien pu trouver sa place dans le nouveau Codex. Il aurait pu se prononcer sur un autre point, également assez important pour l'exactitude de la préparation des teintures. Il y a des pharmaciens qui mettent avec la substance à extraire la quantité de véhicule prescrite, et qui, après une macération suffisante, expriment et filtrent pour conserver la teinture, sans s'inquiéter de la quantité de produit obtenu; d'autres, au contraire, ajoutent encore de l'alcool en lavage pour obtenir un poids égal à la quantité de véhicule voulue par le Codex. La première manière de procéder, qui donne toujours une préparation identique, quoiqu'elle puisse varier sous le rapport de la quantité, me semble préférable à la seconde, par laquelle on obtient, il est vrai, une quantité pondérale toujours identique, mais variable en force, suivant qu'on aura employé une pression plus ou moins considérable, des sacs plus ou moins grands et d'un tissu plus ou moins épais; car de là dépend la perte d'une quantité de teinture plus ou moins grande, qui est alors remplacée par de l'alcool pour arriver au poids voulu.

P. 275. *Teinture de cannelle* et, sous la même rubrique, *teinture de castoreum, de musc, d'ambre, de digitale.* Le castoreum est une substance si résineuse qu'elle devrait évidemment être extraite par de l'alcool à 34 degrés au lieu de celui à 31 degrés qu'on emploie pour la teinture de cannelle. Il serait nécessaire aussi d'indiquer si le pharmacien doit prendre du castoreum du Canada ou de Russie; car la différence d'action de ces deux substances est tout aussi grande que celle du prix. — Quant à la teinture d'ambre et de musc, dans laquelle il n'y a aussi qu'une partie sur 4 de véhicule, les proportions sont beaucoup trop fortes, et je ne connais pas d'ouvrage qui en approche. — La teinture de digitale est, d'après la plupart des praticiens, plus active quand elle est préparée avec de l'alcool faible; il vaudrait donc mieux employer l'alcool à 21 degrés, comme on l'a fait, du reste, pour les teintures de belladone, de ciguë, d'aconit, etc., plutôt que celui à 31 degrés; du reste, on s'accorde généralement à donner la préférence aux teintures narcotiques préparées avec parties égales d'herbe fraîche (ou de jus) et d'alcool à 34 degrés, et, dans ce cas, l'alcool descend au moins jusqu'à 20 degrés Cartier par le suc aqueux de l'herbe; pourquoi donc n'emploierait-on alors pas également de l'alcool de cette force pour extraire les feuilles sèches?

P. 276. *Teinture de bois de gajac et de racines de jalap.* Le bois de gajac et la racine de jalap, qui sont des substances si éminemment résineuses et chez lesquelles la principale action réside dans la résine, devraient être extraites plutôt par l'alcool à 34° que par celui à 21° Cart.

P. 278. *Teinture d'extrait d'opium.* Cette prescription est au moins inutile dans le sens thérapeutique! On évite assez communément de donner des spiritueux avec l'opium, pour ne pas augmenter l'action excitante de celui-ci sur le système circulatoire; c'est même pour diminuer cette action de l'opium qu'on en éloigne la partie résineuse par la préparation d'un extrait aqueux. Il vaut donc bien mieux doser l'extrait d'opium tel quel, plutôt que comme solution alcoolique.

P. 286. *Teintures éthérées.* Ici, comme pour les teintures alcooliques, je voudrais voir changer les proportions du véhicule et de la substance à extraire; il n'y aurait pas de mal qu'au lieu de 1 sur 4, la proportion fût de 1 sur 6 ou 8, et cela avec d'autant plus de raison, qu'on n'emploie guère d'autres teintures éthérées que celles où l'éther corrobore encore l'action du médicament qu'il tient en dissolution!... Presque partout le Codex prescrit de l'éther pur pour préparer ces teintures; tandis qu'il serait peut-être plus rationnel d'employer l'éther alcoolisé (liqueur anodine de Hoffmann), l'éther à lui seul étant un menstrue qui se charge de trop peu de principes actifs? c'est du moins ce que paraissent avoir senti les auteurs allemands; car toutes leurs pharmacopées ont donné la préférence à l'éther sulfurique alcoolisé comme véhicule.

Le Codex a cru devoir faire une exception dans les proportions pour la teinture éthérée de cantharides qui est de 1 sur 8; il me semble qu'on aurait pu l'étendre encore au moins à celle du musc et de l'ambre gris. Il est vrai que la teinture de cantharides est faite avec l'éther acétique; mais cela ne change rien à la question des proportions.

P. 289. *Teinture éthérée de perchlorure de fer* (syn. *Teinture de Bestuchef ou du docteur Klaproth*). Cette synonymie est inexacte; la teinture de Klaproth n'est pas la liqueur anodine martiale, mais bien une teinture faite avec 1 p. d'éther acétique, 2 p. d'alcool à 36 degrés et du deuto-acétate de fer, autant qu'il peut s'en dissoudre. Cette erreur est copiée de l'ancienne édition du Codex.

P. 290. *Vins médicinaux.* Ces préparations forment par leur composition un singulier contraste avec les teintures; je ne trouve pour la plupart d'entre elles qu'une partie de substance médicamenteuse sur 16 ou 32 p. de véhicule, tandis que les teintures en ont 1 sur 4! — Il est vrai que les vins médicinaux se prennent ordinairement à plus forte dose que les teintures; mais la différence de 4 à 32 me paraît hors de proportion.

P. 293. *Vin d'opium par fermentation.* Valait-il réellement la peine de changer la formule du laudanum de Rousseau de l'ancien Codex, et d'assujétir le pharmacien à trois distillations successives pour obtenir un peu d'alcool uni à un arôme à peu près sans action sur l'économie?...

P. 298. *Vinaigres médicinaux.* A tout moment le Codex reste dans le vague, là où il serait si facile de prescrire des données fixes. C'est ce qui arrive encore dans tout ce chapitre; au lieu d'indiquer le degré de force du vinaigre à employer, il se contente de dire: «prenez vinaigre très-fort!».... Qu'est-ce qui empêcherait de dire en tête du chapitre que 32 gr. de vinaigre ordinaire doivent saturer 1,25 centigr. de carbonate de potasse pur et 32 gr. de vinaigre fort 1,50! — du moins on saurait à quoi s'en tenir.

P. 305. *Huile camphrée.* Le Codex, pour pulvériser le camphre, y ajoute un peu d'alcool, ce qui trouble l'huile camphrée qui en résulte, tandis qu'il serait si simple de triturer d'abord le camphre avec quelques gouttes d'huile, ce qui opérerait tout aussi bien sa division; on éviterait ainsi la filtration, et la présence d'un corps étranger et inutile.

P. 312. *Eau distillée.* Le Codex dit: «Rejetez le premier quart de liquide comme moins pur.» C'est beaucoup trop rejeter: la dixième ou quinzième partie suffirait déjà.

P. 315. *Eau distillée d'amandes amères.* Le Codex prescrit de prendre du tourteau récent d'amandes amères 1 kilogr., de le délayer dans suffisante quantité d'eau commune pour obtenir une bouillie bien liquide, etc., et enfin d'en retirer par distillation 2 kilogr. Cette manière de procéder pour obtenir un médicament aussi important et du reste aussi variable par lui-même, mérite une critique sévère. La nature du sol qui produit les amandes amères et la variabilité de la pluie et du beau temps, qui a tant d'influence sur la formation du principe cyanique, aussi bien que le mélange d'amandes douces qui a presque toujours lieu, sont, il me semble, déjà assez de causes d'incertitude, pour qu'on s'efforce de ne pas en ajouter encore par la préparation. Il serait nécessaire que le tourteau d'amandes fût non-seulement frais, mais encore exprimé *à froid* et *pulvérisé,* pour pouvoir être délayé convenablement; ensuite vouloir obtenir une préparation invariable avec du tourteau d'amandes amères, est chose aussi impossible que d'arriver à des nombres connus par des inconnus; car suivant qu'on aura fait subir aux amandes une pression plus ou moins forte pour en obtenir l'huile, le tourteau donnera un produit plus ou moins actif; et enfin, au lieu de faire subir à la préparation de l'eau d'amandes amères un changement semblable à celui qu'on a fait pour l'eau de laurier-cerise, c'est-à-dire de retirer 1 kilogr. d'eau par kilogramme de feuilles employées, on se garde bien de prendre pour base les amandes elles-mêmes; mais bien le tourteau qui, comme je l'ai déjà dit, est éminemment variable de sa nature, et au lieu de retirer 1 kilogr. d'eau par kilogramme de tourteau, on en retire 2 kilogr. Je proposerais donc de faire subir à cette formule la transformation que voici:

Rp. Amandes amères sèches récentes et époussetées 1 kilogr., pulvérisez, exprimez-en l'huile à froid, pulvérisez de nouveau le tourteau et délayez avec eau commune froide q. s., pour obtenir une bouillie bien liquide, introduisez dans la cucurbite d'un alambic, monez, etc. (comme c'est expliqué dans le Codex), continuez la distillation jusqu'à ce que vous ayez obtenu 1 kilogr. d'hydrolat, c'est-à-dire autant de produit que d'amandes employées.

P. 316. *Eaux distillées renfermant des huiles essentielles.* Si par la distillation d'une racine, d'une herbe, d'une fleur ou d'une semence aromatique avec de l'eau, il se sépare beaucoup d'huile essentielle, soit au fond, soit à la surface, cela prouve que l'eau elle-même en est amplement chargée, et qu'une nouvelle quantité d'eau serait nécessaire pour dissoudre l'huile essentielle séparée. Or, c'est ce qui arrive pour plusieurs des eaux distillées du Codex, et entre autres pour l'eau de fleurs d'oranger, l'eau de roses, l'eau de menthe poivrée, celle de fenouil, de persil, d'angélique, de racines de valériane, de baies de genièvre, etc., et considérées sous ce rapport, les proportions du Codex sont trop fortes, à moins qu'on ne veuille obtenir en même temps les essences de ces plantes!...

P. 322. *Huiles essentielles.* Je remarque dans ce chapitre l'omission de l'huile de camomille vulgaire (*matricaria chamomilla L*). Il paraît que le

Codex n'admet pas cette espèce comme officinale, quoiqu'elle soit bien plus usitée en Alsace et en Allemagne (voyez *Richters Arzneymittellehre*), que la camomille romaine, aussi bien que son huile essentielle.

P. 336. *Alcoolats.* Le Codex dit: « que pour les alcoolats on se sert d'alcool à 31 degrés. » Je crois qu'ici l'on ne gagne rien à prendre de l'alcool si fort, car en distillant avec de l'alcool une plante qui renferme beaucoup d'huile essentielle, l'alcool n'entraîne d'abord que fort peu d'essence, tandis qu'il s'en charge davantage au fur et à mesure qu'il coule plus faible, c'est-à-dire quand il se rapproche du point d'ébullition de l'eau. Il est donc clair que pour obtenir un alcoolat bien chargé, il faut prendre un alcool d'une force moyenne (de 24 à 26 degrés), afin que vers la fin de la distillation il passe pendant quelque temps un alcool très-faible qui entraîne l'huile essentielle; d'un autre côté il doit cependant avoir toujours une force telle qu'il ne devienne pas opalisant, ce qui arrive quand il ne peut pas dissoudre toute l'huile essentielle. Je trouve la force de 31 degrés outrée surtout dans certains cas, par exemple pour l'esprit de cochlearia, de romarin, etc.; où le Codex ne retire sur 6 p. d'alcool à 31 degrés employées, que 5 p. d'alcoolat; ou quand les substances soumises à la distillation renferment des huiles essentielles plus lourdes que l'eau, qui ont également un point d'ébullition plus élevé, comme la cannelle, les clous de girofle, etc. Il eût été aussi plus rationnel que le Codex indiquât pour chaque alcoolat le degré aréométrique qu'il doit marquer plutôt que la quantité à obtenir; car en agissant comme il le veut, on obtient facilement des résultats inexacts, soit que l'alambic ne ferme pas très-bien, soit qu'il y ait perte d'alcool d'une autre manière. Quelle exactitude y a-t-il en effet dans cette formule de l'eau de mélisse composée, quand il dit: « distillez au bain-marie pour retirer toute la partie spiritueuse, » ou comme pour l'eau de Cologne: « distillez jusqu'à ce qu'il ne reste plus dans la cucurbite que la cinquième partie du mélange!... »

P. 341. *Extrait de réglisse.* N'est-ce pas un luxe superflu que de prescrire de l'eau distillée pour la préparation des extraits? Cette précaution n'est guère nécessaire que pour l'extrait de quinquina préparé à froid, l'extrait d'opium et quelques autres; mais en général l'eau bouillie est suffisante pour la plupart des opérations de ce genre, et je suis sûr qu'il n'y pas deux pharmaciens en France qui suivent cette prescription.

P. 345. *Extrait de genièvre.* Le Codex fait extraire les baies de genièvre par l'eau froide; on obtient de cette manière un extrait d'une consistance bien homogène et même assez agréable au goût; mais il me semble que ce ne sont là que des choses accessoires; le but principal, c'est d'obtenir une préparation active, et comme l'extrait de genièvre, est toujours donné pour provoquer la diurèse, l'extraction des baies devrait se faire par décoction dans un alambic, afin d'y faire entrer autant de résine que l'eau en peut tenir en suspension, et d'un autre côté, pour en retirer autant d'huile essentielle que possible, que l'on ajoute ensuite à l'extrait au moment de le finir; car la résine et l'huile essentielle des baies de genièvre sont certainement bien plus diurétiques que l'extrait gommeux.

Pour l'extrait de valériane, je proposerais le même procédé, l'huile essentielle de cette plante en étant probablement le principe le plus actif?

P. 345. *Extrait de casse.* A côté de la pulpe de casse cette préparation n'est-elle pas superflue?

P. 346. *Extrait d'opium.* Page 337, dans les généralités sur les extraits, le Codex dit : « Toutes les fois qu'on a recours à une dissolution artificielle, quelle que soit celle du véhicule de dissolution, il faut s'efforcer d'obtenir des liqueurs très-concentrées, afin de les soustraire autant que possible aux chances d'altération que les matières d'origine organique éprouvent pendant leur évaporation au contact de l'air. » Or, ici il prescrit juste l'opposé en faisant prendre 6 kil. d'eau sur 500 grammes d'opium et plus tard 4 kil. pour redissoudre l'extrait évaporé. Si, au lieu d'agir ainsi, on faisait macérer l'opium dans quatre fois son poids d'eau seulement, on éviterait non-seulement une longue évaporation, mais encore on obtiendrait un extrait qui ne se troublerait plus par sa redissolution, et qui, par conséquent, rendrait la seconde opération du Codex superflue (voyez l'extrait d'opium de la pharmacopée de Prusse); il y aurait donc économie de temps, de peine, de combustible, d'eau distillée et une moins longue exposition de l'extrait aux influences de l'air et du feu.

La différence qui résulte de ces deux manières de procéder pour l'extrait d'opium, s'explique très-bien quand on pense que lorsque deux substances, dont l'une très-soluble et l'autre peu, se trouvent ensemble exposées à l'influence dissolvante de l'eau; l'eau, s'il n'y en a pas trop, commencera par dissoudre la substance la plus soluble sans toucher à la seconde, tandis que, s'il y en a beaucoup, elle dissoudra d'abord la substance la plus soluble et viendra ensuite se saturer de celle qui l'est moins, particulièrement si, comme le veut le Codex, l'on malaxe la masse entre les mains et qu'on en fasse deux macérations ; car ce qui rend nécessaire la redissolution de l'extrait du Codex, c'est la nécessité d'en ôter une nouvelle quantité de substance insoluble.

P. 350. *Extrait alcoolique de ciguë.* Le Codex ne prescrit pour les extraits des plantes narcotiques (la ciguë, la belladone, la jusquiame, la stramoine, etc.) pas moins de quatre modes de préparation, tous néanmoins insuffisants pour arriver à un bon résultat. Le premier consiste à rapprocher à consistance extractiforme le suc épuré de l'herbe fraîche. Le deuxième joint la fécule verte au suc inspissé. Le troisième est une extraction aqueuse de l'herbe sèche. Le quatrième enfin est une extraction alcoolique ! N'y a-t-il pas de quoi jeter la confusion dans tous les esprits, et tout d'abord dans celui du médecin, qui ne sait pas trop à quelle préparation donner la préférence dans un cas donné ? Les expériences dirigées dans ce sens sont encore trop peu nombreuses, et un Codex ne devrait jamais multiplier les préparations d'un même médicament, à moins que la thérapeutique ne soit venue en prouver la nécessité par des différences d'action assez notables. Un pareil ouvrage ne s'occupe pas d'essais à faire, son rôle est d'enregistrer des préparations reconnues actives par l'expérience. Le pharmacien, de son côté, sera souvent dans une grande perplexité pour savoir laquelle de ces quatre préparations il devra donner ; car le médecin, en prescrivant un extrait narcotique, ne songe pas toujours à indiquer en même temps le mode de préparation, et, au lieu d'un seul vase, il faudra qu'il y en ait chaque fois quatre dans l'officine, qui n'est déjà que trop remplie. N'aurait-on pas bien mieux fait de donner pour chaque plante la préparation d'un seul extrait qui représentât autant que possible toutes ses propriétés pour n'en séparer que les parties inertes, tel que le ligneux, la fécule, la chlorophylle, etc. ; on y serait parvenu en suivant le procédé de la pharmacopée de Prusse, qui recommande d'exprimer d'abord le jus de l'herbe fraîche, de joindre le coagulum du jus, opéré au moyen du feu, au résidu de l'expression, et d'extraire ensuite par l'alcool à 34 degrés; après vingt-quatre heures de macération, on exprime, on filtre et on en retire l'alcool par la distillation au bain-marie; le résidu est ensuite joint au jus aqueux déjà évaporé à consistance sirupeuse, et le tout amené au bain-marie à consistance d'extrait mou. L'expérience a prouvé (voyez pour cela les ouvrages de thérapeutique allemands) que les extraits préparés de cette manière sont très-actifs et préférables à tous les autres, excepté peut-être à ceux qui seraient préparés par évaporation dans le vide. Il est vrai que le même ouvrage ajoute encore un autre procédé pour préparer ces extraits avec de l'herbe sèche; mais ce procédé n'est indiqué que parce qu'on manque dans certains endroits d'herbe fraîche, et qu'on préfère que le pharmacien, au lieu d'acheter ces sortes de médicaments, les prépare lui-même, afin qu'il en soit garant.

Il y a encore un autre mode d'extraction qui mériterait plus d'attention, c'est celui par le vinaigre, qui facilite la dissolution des alcaloïdes dans les plantes qui en renferment et donne de la fixité à certains principes volatils actifs; l'extrait acéteux des bulbes de colchique, par exemple, est bien plus actif que leur extrait spiritueux ou aqueux.

P. 354. *Sirops.* Avant d'entrer dans les détails de ce chapitre, je crois devoir faire quelques considérations générales pour me faciliter la tâche. Presque partout le Codex prescrit du sirop simple déjà préparé, auquel il fait ajouter la décoction, l'infusion ou la solution médicamenteuse, accompagné de différentes manipulations pour terminer les sirops. — Il n'y a certainement rien de plus simple et de plus naturel quand la quantité de liquide à y ajouter n'est que très-petite, comme pour les sirops de sulfate de quinine, d'acétate de morphine, d'acide cyan-hydrique, etc.; mais si la quantité en est grande, cette manière d'opérer présente alors de graves inconvénients! — Ou il faut évaporer fortement le sirop simple, pour qu'il constitue de nouveau avec le liquide à ajouter un sirop de bonne consistance, et, dans ce cas, on ne sait jamais bien à quelle époque arrêter l'évaporation; et le sirop lui-même, quoique primitivement clair, rejette par l'évaporation prolongée de nouvelles impuretés et devient de plus en plus coloré! — Il faut donc ou ajouter aussitôt le liquide médicamenteux au sirop simple et faire cuire ensemble jusqu'à consistance voulue, comme pour les sirops d'ipécacuanha, de belladone, de thridace, de guimauve, etc! — Ou bien, il faut combiner les deux procédés sus-mentionnés pour les sirops dans lesquels il doit entrer des principes volatils et extractifs à la fois; tels que: les sirops de mousse de Corse, de douce-amère, de valériane, etc. Que de peine pour obtenir des préparations qu'on pourrait faire aussi bien à moins de frais et d'embarras? A tous ces procédés je proposerais de substituer un mode d'agir plus simple et plus rationnel.

D'abord, je pose comme fait prouvé par l'expérience, que le sirop simple, fait avec du beau sucre en pains, offre plus d'avantage que celui préparé avec de la cassonade, comme l'indique le Codex (à moins qu'on n'agisse sur de grandes quantités), malgré la différence du prix d'achat; car celle-ci est presque toujours un peu humide et salie par des impuretés, ce qui retient beaucoup de matière sucrée sur le colatoire; de plus, elle renferme encore de la mélasse, du mucilage, des substances salines, etc., ce qui rend les sirops plus fermentescibles et par conséquent moins aptes à la conservation. Je commencerais 1° par ne faire qu'un *seul* sirop simple avec du sucre blanc en pains, qui servirait à faire les six premiers sirops inscrits dans le Codex, ainsi que le sirop de gomme. 2° Au lieu de sirop simple ordinaire, je me servirais pour tous les sirops faits avec des substances seulement extractives et non volatiles, de 2 p. de sucre et d'un peu plus de 1 p. (1000 p. sur 625) de soluté, d'infusé ou de décocté médicamenteux et de blanc d'œuf en suffisante quantité; je ferais jeter quelques bouillons pour clarifier et je filtrerais à travers une flanelle. J'excepte toutefois de cette catégorie les sirops de guimauve, de consoude et de cynoglosse, auxquels il ne faut pas de blanc d'œuf pour devenir clairs; le sirop de ratanhia, qui en deviendrait trouble et qui rentre pour cela dans la catégorie suivante, et le sirop de gomme, qui se fait mieux à froid par un mélange de sirop simple et de soluté de gomme fait avec parties égales de gomme et d'eau. D'aprés ce procédé, on obtient des sirops fort peu exposés au feu, d'une consistance convenable et très-clairs, tandis que ceux du Codex sont ordinairement un peu troubles. 3° Pour les sirops qui ne renferment que des principes volatils ou des principes extractifs et volatils à la fois, je prendrais 1 p. de liquide médicamenteux filtré ou éclairci et 2 p. de sucre blanc en pains, et je dissoudrais à froid ou je chaufferais légérement au bain-marie et en vase clos jusqu'à solution complète. On objectera peut-être que ces derniers sirops sont un peu troubles; mais l'évaporation prolongée des sirops du Codex, le brusque mélange des liquides aqueux avec les sirops cuits à la plume, produisent également toujours des sirops pour le moins aussi troubles et ont de plus l'inconvénient d'être plus dispendieux et de donner lieu à plusieurs opérations au lieu d'une seule. Du reste, on peut toujours avoir recours à la filtration si l'on exige un sirop clair. Il y a, toutefois, quelques exceptions à ces deux procédés dont il sera question plus bas. (Voyez aussi *Monographie des saccharolées liquides*, de M. Mouchon.)

Je voudrais également voir régner pour les sirops un peu plus d'harmonie dans les proportions respectives de la substance médicamenteuse et du sucre. Je ne trouve, par exemple, que 48 gr. de racines de gentiane sur 1 kil. de sucre, tandis qu'on prescrit sur 500 gr. de sucre 96 gr. d'écorce de quinquina!

P. 360. *Sirop d'extrait d'opium*. Je ne sais trop pour quelle raison l'on a diminué de moitié la force de ce sirop, en ne mettant que 0,09 centigr. d'extrait d'opium sur 50 gr. de sirop, au lieu de 0,18 centigr., comme le voulait l'ancien Codex. Il me semble qu'une fois que l'habitude a consacré quelque chose et qu'il n'y a pas de raison valable pour le changer, il vaut mieux ne pas y mettre la main; et je ne sache pas qu'aucun praticien se soit plaint de la composition de ce sirop, d'autant plus qu'on n'a qu'à y ajouter encore du sirop simple si on le désire plus faible, tandis qu'il serait plus embarrassant d'en augmenter la force si on voulait y ajouter une nouvelle quantité d'extrait: ce serait un travail à recommencer.

Sirop de pavot blanc. Le Codex dit que pour faire ce sirop, il faut dissoudre de l'extrait alcoolique de têtes de pavots dans de l'eau pure, filtrer le soluté, l'ajouter au sirop simple bouillant et le cuire en consistance de sirop. Mais 1° nulle part le Codex n'indique comment cet extrait alcoolique doit être préparé; 2° une bonne quantité de cet extrait ne se redissout plus dans l'eau, et 3° si l'on faisait ce sirop avec du sucre blanc et un décocté aqueux de têtes de pavot amené à une consistance de + 35°, on obtiendrait une préparation tout aussi active et qui se conserverait très-bien.

P. 363. *Sirop de fleurs d'oranger.* Sous la même rubrique, je trouve aussi les sirops de cannelle, de roses, de menthe poivrée et de laitue; or, c'est de ces derniers que je veux parler. Suivant le Codex, tous ces sirops doivent être préparés avec l'eau distillée de ces plantes; mais on se trompe fort si l'on croit que les praticiens n'y recherchent que l'arome; que de fois ces sirops ne sont-ils pas prescrits pour corroborer l'action du médicament principal; souvent on ajoute le sirop de cannelle comme astringent à une décoction de quinquina, le sirop de roses à cent feuilles à une potion laxative, celui de laitue à une potion narcotique, etc., et certes ce n'est pas leur arome qui en est le motif! — Pourquoi donc corriger l'ancien Codex dans ce qu'il avait de bon? ses sirops de menthe poivrée et de cannelle valaient certainement mieux que ceux du nouveau.

P. 367. *Sirop de violettes.* Dans cette préparation, le Codex pèche contre un des premiers préceptes de chimie, à savoir: la couleur bleue des violettes est verdie par les alcalis et rougie par les acides! — Qu'on prenne en effet de l'eau bouillante, comme c'est prescrit, pour faire l'infusion des pétales de violettes, les carbonates calcaire, magnésien et sodique des eaux de source auront bientôt changé la belle infusion bleue en un liquide vert bleuâtre, sale et trouble qui donnera ensuite un sirop abominable. Il est de toute nécessité qu'on prenne de l'eau distillée pour cette préparation. La même précaution est à prendre pour les sirops de coquelicots, d'œillets, de pivoine, etc.

P. 368. *Sirop d'écorce d'oranges amères.* Presque toutes les pharmacopées préparent ce sirop avec du vin, et je crois qu'elles ont raison; pour s'en convaincre, on n'a qu'à examiner comparativement le sirop du Codex fait par extraction aqueuse avec celui où le vin sert de véhicule. Le premier a une saveur légèrement aromatique et à peine amère, tandis que le dernier a une amertume très-prononcée et beaucoup plus d'arome, et comme il faut tâcher de rendre un médicament actif avant de penser à le rendre agréable, il me semble qu'il serait préférable d'employer le vin pour menstrue de l'écorce d'orange, d'autant plus que dans tous les cas où ce sirop est employé, le vin ne peut qu'être un bon adjuvant.

P. 372. *Sirop de tolu.* Le Codex prescrit 125 gr. de baume de tolu pour obtenir 1500 gr. de sirop. Ce procédé est fort peu économique; car on pourrait avec la même quantité de baume obtenir trois fois autant de sirop tout aussi fort, même sans s'écarter du procédé du Codex, car l'eau ne dissout qu'une fort minime quantité de baume. (Voyez aussi la critique de M. Bouchardat, *Annuaire de thérapeutique*, 1842, p. 49.)

P. 378. *Sirop des cinq racines.* L'explication que donne le Codex de la préparation de ce sirop paraît énigmatique à la première lecture; mais bientôt, en relisant le paragraphe avec beaucoup d'attention, on s'aperçoit ou bien que l'auteur ne s'est pas compris lui-même, ou bien encore qu'il a commis une erreur grave; car il prescrit de faire une première infusion des espèces avec 2250 p. d'eau et une seconde avec 4000 p., d'ajouter ensuite à cette seconde infusion 3750 p. de sirop de sucre, et d'évaporer jusqu'à ce qu'il ait perdu en poids une quantité égale au poids de la première infusion, d'y ajouter rapidement celle-ci et de passer. Or, supposons que de 2250 p. d'eau employées à la première infusion, il en soit resté 2000, il faudrait donc évaporer les 3750 p. de sirop, plus les 4000 p. de la seconde infusion, ajoutées (au total 7750) de 2000 p. seulement, il resterait donc 5750 p., auxquelles on ajouterait la première infusion, ce qui reconstituerait le nombre 7750, dans lequel se trouveraient alors seulement 3750 p. de sirop d'une consistance convenable et 4000 p. d'eau. Le sirop des cinq racines du Codex serait donc un composé de 2500 p. de sucre et de 5250 p. d'eau, renfermant un peu de matière extractive en solution!.....

P. 383. *Sirop de raifort composé* (syn. *Sirop anti-scorbutique*). Au lieu de faire ce sirop moyennant une distillation et deux sirops préparés séparément, comme le veut le Codex, n'aurait-il pas mieux valu faire l'opération d'un seul coup, en faisant digérer pendant trois à quatre jours les différents ingrédients, réduits en bouillie avec le quart du vin prescrit et la quantité d'alcool qui représente les autres trois quarts, de passer ensuite le liquide avec expression, de filtrer et d'en faire un sirop par simple solution en vase clos et au bain-marie à une douce chaleur? Le sirop ainsi préparé vaut mieux que celui du Codex, car il n'y a ni perte de parties volatiles, ni action prolongée du feu sur les matières extractives, ni risque de décomposer en partie le principe volatil soufré du cochléaria et du raifort par le plomb qui se trouve ordinairement mêlé en petite quantité à l'étain de l'alambic!.....

P. 396. *Thériaque.* Messieurs les rédacteurs du Codex se font illusion s'ils croient qu'il y ait un seul pharmacien en France qui prépare la thériaque d'après la formule inscrite dans le Codex; car il est à peu près impossible, à moins de frais énormes, de se procurer toutes les substances qui y entrent. Il est vrai qu'il y a des pharmaciens qui font leur possible sous ce rapport et y mettent ce qu'ils peuvent; mais dès qu'on omet une seule substance, on peut tout aussi bien en omettre deux, trois et plus, ou les remplacer par d'autres qui leur sont analogues; et avec ce raisonnement, la thériaque est ordinairement tout autre chose que la préparation du Codex. On dit bien en théorie qu'il ne faut rien changer à la formule, parce que nous ne pouvons pas savoir quelles combinaisons et décompositions se font entre tant d'éléments hétérogènes, et parce que nous connaissons maintenant l'action de ce médicament; mais en pratique nous voyons qu'on dévie pour ainsi dire forcément de ce principe, et comme chacun omet ou substitue les substances d'après sa manière, il se trouve qu'il y a presque autant de variétés de thériaque que de pharmacies. Il vaudrait donc mieux, à l'instar des pharmacopées allemandes, simplifier cette formule et par là la rendre plus exécutable, tout en lui conservant autant que possible ses propriétés primitives.

P. 404. *Electuaire diaphœnix.* Préparation tombée en désuétude et inutile dans le Codex.

P. 416. *Eleosaccharum de citrons.* N'est-ce pas une faute d'impression que de prescrire un citron sur deux gros de sucre pour faire un eleosaccharum? probablement on a voulu mettre deux onces, car avec deux gros de sucre et la partie jaune d'un citron on obtiendrait une bouillie et non un eleosaccharum. Mais supposons pour un moment qu'on ait voulu mettre deux onces au lieu de deux gros, il y aurait encore trop peu de sucre et nulle proportion entre cet eleosaccharum et ceux faits avec les huiles essentielles, où il n'y a qu'une goutte d'essence par 4 gr.

P. 422. *Tablettes de fer.* Il me semble qne le nouveau Codex aurait dû corriger cette ancienne formule, pour éviter aux estomacs le travail d'oxydation du fer que l'humidité de la masse ne fait qu'en partie; car dès que ce métal arrive dans les voies digestives, le malade a des renvois de vapeurs nidoreuses, composées en grande partie d'hydrogène, d'un peu d'hydrogène carboné et de ce principe pyrogéné odorant qui accompagne toujours l'hydrogène dégagé du fer. C'est même pour cet inconvénient que la thérapeutique éclairée a pour ainsi dire relégué le fer métallique en poudre, en lui préférant, soit l'oxyde ferreux, soit l'hydrate de sous-carbonate de fer.

P. 453. *Cérats.* On sait que les divers cérats ont l'inconvénient, quand ils ont été appliqués sur des plaies, de répandre une odeur rance désagréable; on sait aussi que la cire détermine sur le pourtour des plaies des croûtes qui irritent la peau et produisent souvent des excoriations de nature à retarder plus ou moins la guérison. Pour parer à tous ces inconvénients, M. le docteur Stœss a tenté de substituer à la cire le suif fraîchement délaissé, et au beurre frais un mélange d'huile d'olives et de suif, et, il faut le dire, avec un plein succès; car, traitées de cette manière, les plaies non-seulement ne répandent plus d'odeur, mais encore restent toujours propres, et aucune croûte ne vient se former à leur pourtour. Je proposerais donc à la commission chargée de la prochaine révision de faire faire des essais dans ce sens, pour voir si, dans les préparations analogues aux différents cérats, il ne vaudrait pas mieux de remplacer la cire par des proportions convenables de suif.

P. 463. *Pommade mercurielle.* Tout le monde sait que pour préparer cette pommade suivant le procédé du Codex, il faut un travail continu de quatre à cinq jours, encore les globules mercuriels ne disparaissent-ils que par l'action de l'air constamment renouvelé sur la graisse qui en est oxydée; aussi est-il rare de trouver de la pommade mercurielle qui ne sente pas un peu le rance. Je proposerais donc, dans le but de gagner du temps, d'opérer l'extinction avec 100 gr. de pommade mercurielle provenant de la précédente opération sur 1000 gr. de mercure coulant; une trituration de deux heures suffit ordinairement pour faire disparaître le dernier globule métallique; on y ajouterait ensuite la graisse, ou mieux un mélange de 200 gr. de suif et 800 gr. de graisse, parce que la pommade du Codex est un peu trop molle, particulièrement en été où elle devient souvent semi-liquide.

P. 464. *Pommade de cirillo.* Ne vaudrait-il pas mieux dissoudre le sublimé corrosif dans un peu d'alcool et l'ajouter ensuite à la graisse en triturant pendant quelques minutes pour faire évaporer l'alcool, au lieu de l'ajouter tel quel: la division serait plus complète et l'on s'épargnerait le travail de la porphyrisation.

P. 464 *Pommade hydriodatée.* Le Codex prescrit 1 p. d'iodure potassique sur 8 p. de graisse. Cette proportion, pour une prescription générale, est certainement trop forte; que de fois n'ai-je pas vu survenir des éruptions, des boutons et des irritations locales avec la pommade de cette force.

Je ne dirai pas que les praticiens ne trouvent quelquefois bon de renforcer la proportion d'iodure potassique; mais en thèse générale, cela n'est pas nécessaire, et je crois que 1 p. de sel sur 12 à 16 p. de graisse serait suffisant. Il vaut également mieux dissoudre l'iodure potassique dans quelques gouttes d'eau et le mêler ensuite à la graisse plutôt que de préparer cette pommade sur le porphyre, comme le veut le Codex!...

P. 464. *Pommade iodurée.* Ici non-seulement la même proportion d'iodure potassique et de graisse est maintenue, mais il y a encore en sus 1 p. d'iode (ce corps déjà si irritant en lui-même) sur 3 p. d'iodure potassique; évidemment c'est sortir des bornes de la prudence.

P. 475 *Emplâtre agglutinatif.* Cette préparation ne vaut rien comme emplâtre agglutinatif et doit être entièrement rejetée, par la raison que pour cet usage il faut une composition qui renferme peu ou point de substances irritantes; car l'on a ordinairement le plus grand intérêt à ne pas irriter les bords de la plaie avec des bandelettes agglutinatives, particulièrement après les grandes opérations. Or, l'emplâtre du Codex renferme de la poix blanche, de la résine élémi, de la térébenthine et de l'huile de laurier, toutes des substances plus ou moins irritantes. Je proposerais en place de cet emplâtre la formule suivante comme remplissant mieux le but qu'on se propose; je la dois également à l'obligeance de M. le docteur Stœss :

Rp. Emplâtre simple (préparé avec de la graisse de porc) . . . . . 3 p.
Diachylon composé 1
Colophane 1
faites fondre ensemble et malaxez pendant longtemps.

P. 476 *Emplâtre d'acétate de cuivre.* Si au lieu d'ajouter le sous-acétate de cuivre à la masse emplastique à une température fort peu élevée, comme le veut le Codex, on l'ajoutait après avoir chauffé celle-ci jusqu'à + 100° centigrades, l'acétate, au lieu d'être mélangé seulement, s'y dissoudrait parfaitement sans se désoxyder, ce qui vaudrait certainement mieux qu'un simple mélange où l'on risque toujours que l'acétate de cuivre ne se mette en partie au fond pendant le refroidissement de l'emplâtre. Quant à la térébenthine, pour n'en rien perdre, on pourrait ne l'ajouter que lorsque la masse serait un peu moins chaude.

P. 477. *Emplâtre de ciguë.* Cet emplâtre, qui a été maintenu intégralement tel qu'il est dans l'ancien Codex, est, quoi qu'en disent M. Soubeiran et le Codex lui-même, très-difficile à faire et dispendieux par l'emploi de l'alcool et du feu, la masse d'ustensiles qu'on salit, la perte d'emplâtre et le temps qu'il faut y mettre, pour obtenir au bout du compte une préparation bien moins active qu'on ne le croirait à en juger d'après les substances qui le composent; car 1° la matière extractive de la ciguë, qui renferme les principales vertus, ne se dissout pas dans la cire et les résines avec lesquelles on la fait cuire, elle reste en grande partie dans les fèces, il ne s'y dissout que la partie résineuse de la plante; il vaudrait donc mieux y faire entrer l'herbe, convenablement séchée sous forme de poudre fine; et comme 1000 p. d'herbe fraîche donnent en moyenne 185 p. d'herbe sèche, il y aurait 185 p. de poudre de ciguë à introduire dans l'emplâtre. 2° La gomme-résine ammoniaque, quand on la soumet à la distillation avec de l'alcool, perd ses parties volatiles qu'il serait important de conserver à l'emplâtre, et on pourrait fort bien l'introduire sous forme de poudre de concert avec la ciguë (bien entendu la poudre préparée par un temps froid, comme je l'ai dit plus haut).

Emplâtre diachylon gommé. Quant à l'introduction des gomme-résines dans cet emplâtre, je fais ici la même observation comme pour l'emplâtre de ciguë : il vaudrait bien mieux en préparer des poudres fines et les introduire sous cette forme, que d'aller salir une cornue ou un alambic avec toutes ces résines et perdre l'alcool et les huiles essentielles de celle-ci. Ou bien l'on pourrait opérer la solution des gomme-résines dans la térébenthine et la poix blanche, ce qui se fait très-facilement, passer à travers un tamis en crin un colatoire ou un tissu en fil de fer légèrement chauffé ; faire le mélange avec le reste de la masse et ajouter enfin, si c'est nécessaire, un peu d'essence de térébenthine pour remplacer celle qui a pu se perdre pendant la dissolution des gomme-résines.

P. 486. *Emplâtre brun.* Si, au lieu d'ajouter la litharge au mélange emplastique quand il commence à fumer, comme le Codex le prescrit, on l'ajoutait seulement quand il est à peu près assez brûlé, on agirait d'une manière plus logique ; car, dans le premier cas, la graisse s'acidifie aux dépens de la litharge même ; il y en a donc une partie de réduite à l'état métallique, qui forme alors un dépôt dans l'emplâtre fondu, et une autre portion se combine à la graisse acidifiée ; tandis que, dans le deuxième cas, toute la graisse s'oxyde aux dépens de l'oxygène de l'air, et la litharge ajoutée peut s'y combiner directement sans perdre de son oxygène ; aussi cet emplâtre ne forme point de dépôt et ne jaunit pas par le temps, comme le ferait celui du Codex si l'on n'avait pas soin d'y ajouter de la poix noire.

Sparadrap commun. Le Codex ne va-t-il pas prescrire de l'emplâtre diachylon gommé pour en faire le sparadrap commun ! — Messieurs les membres de la commission paraissent avoir ici perdu de vue une des conditions d'un bon sparadrap commun, qui sont : de n'être pas irritant et de bien coller. Cette dernière condition est à la vérité remplie, mais non la première ; car l'emplâtre diachylon gommé est au contraire fort irritant, et ne doit pour cela entrer dans la masse que pour une petite proportion. Je proposerais de prendre ici le même emplâtre que celui que j'ai proposé plus haut comme emplâtre agglutinatif, en y ajoutant par kilogramme d'emplâtre 15 grammes de résine élémi pour lui donner plus de liant ; mais ceci seulement dans le cas où l'on voudrait étendre l'emplâtre sur la toile au moyen du sparadrapier ; car si l'on fait l'opération avec le couteau ou la spatule, cela est inutile.

P. 500. *Fomentations de fleurs de sureau.* Il me semble que 10 grammes de fleurs de sureau sont une dose trop petite pour un litre d'eau bouillante, elle n'est nullement en rapport avec les proportions des autres fomentations ; je vois, par exemple, dans les fomentations narcotiques 32 grammes d'espèces par litre d'eau, et cependant la force de la fleur de sureau ne peut nullement être comparée à celle des espèces narcotiques.

P. 511. *Miel escharotique* (syn. *Onguent ægyptiac*). En tête du chapitre des escharotiques, le Codex donne très-bien la définition de ces sortes de médicaments ; il est donc naturel de penser que le miel escharotique doit avoir l'action que son nom indique ; cependant il est si singulièrement préparé qu'il n'y a rien de moins escharotique que cette préparation. En effet, le Codex fait cuire ensemble le miel, le vinaigre et le verdet, jusqu'à ce que le mélange ait acquis une couleur rouge et une consistance de miel; ce qui, en d'autres termes, veut dire jusqu'à ce que l'acétate de cuivre, qui a une vertu escharotique, soit réduit au moyen du miel à l'état de métal, qui a alors perdu cette action, et que le vinaigre soit à peu prés évaporé ! — Je ne puis m'empêcher de citer ici la manière de procéder d'une pharmacopée bien autrement élaborée que le Codex; la pharmacopée de Prusse dit :

Rp. Acétate de cuivre pulvérisé, 1 once,
Crême de tartre, 3 onces;

faites cuire avec suffisante quantité d'eau ordinaire jusqu'à dissolution, passez et évaporez à siccité sur un feu fort doux; exposez ensuite le résidu à une atmosphère humide, où il tombera bientôt en deliquescence; mêlez alors ce liquide avec 12 onces de miel commun. Sa consistance doit être celle du miel, d'une couleur brune trouble.

On voit par là qu'au lieu de faire cuire le sous-acétate de cuivre avec le miel et le vinaigre, il transforme d'abord ce sel en une préparation plus stable, c'est-à-dire en tartrate de cuivre et de potasse, qui est ensuite mêlé à froid au miel, afin que sa propriété escharotique ne soit pas détruite par l'action simultanée de la chaleur et de la matière sucrée.

Me voilà enfin arrivé aux dernières pages de l'ouvrage, et cependant ma tâche n'est pas encore terminée. Il ne suffit pas, en effet, de critiquer ce qu'il renferme; mais il est tout aussi nécessaire de dire ce qui ne s'y trouve pas et ce qui devrait s'y trouver. Or, les lacunes que nous aurions à signaler sont nombreuses et prouvent le peu de soin qu'on a apporté à la rédaction d'un ouvrage aussi important.

Le Codex, avant d'entrer en matière, commence par donner une énumération des médicaments simples et des préparations qui ne se font qu'en grand, que le pharmacien se procure, soit directement soit du commerce, et qui entrent dans les formules de l'ouvrage. Malheureusement cette énumération est si incompléte qu'il y manque pour ainsi dire les choses les plus importantes, tels que le vinaigre, l'acide sulfurique du commerce et celui de Nordhausen, l'acide chlorhydrique ordinaire, l'acide nitrique ordinaire, l'acide pyro-ligneux, l'acide tartrique, l'acide citrique, l'éther sulfurique du commerce, le carbonate d'ammoniaque ordinaire et pyro-huileux, l'asphalte, la craie, la chaux caustique, le sublimé corrosif, l'oxyde rouge de mercure, le sucre de lait, le carraghéen (*fucus crispus*), l'origan (*origanum vulgare*), l'huile animale pyrogénée, le phosphore, le séné obové (*cassia obovata Collad.*), le bitartrate de potasse purifié, le tartre cru, le vin de Malaga, le vin blanc et rouge, etc. On dirait presque qu'on ne s'est pas douté du but de cette énumération placée en tête de l'ouvrage? N'est-elle pas là pour dire au pharmacien ce qui lui est permis de se procurer dans le commerce, particuliérement en fait de préparations pharmaceutiques et chimiques, tandis que celles qui ne s'y trouvent pas doivent être préparées dans son laboratoire; car on ne voudra certainement pas qu'il fasse lui-même les acides sulfurique, chlorhydrique et pyro-ligneux impurs, la crême de tartre, la chaux caustique, etc.; mais, d'un autre côté, on peut exiger qu'il rendra toutes ces préparations aptes à l'emploi médicinal, soit en les purifiant, soit en leur donnant la forme prescrite par le Codex.

Je ne trouve pas moins de lacunes dans les médicaments composés, dont le soin de la préparation repose sur le pharmacien lui-même ; il est vrai qu'on pourrait m'objecter que si on voulait inscrire dans le Codex toutes les préparations usitées en France, le volume deviendrait énorme et contiendrait une quantité de choses oiseuses ; mais ici je ne veux parler que de préparations éminemment répandues, prescrites presque journellement, et sur la composition desquelles il s'agit de fixer le pharmacien, pour qu'il n'ait pas besoin d'avoir recours à tout moment aux pharmacopées étrangères, qui, n'étant pas toujours d'accord entre elles sur la même préparation, donnent souvent lieu à des différences notables si le médicament est préparé dans des pharmacies qui n'ont pas consulté le même ouvrage. Je citerai pour exemples : l'éthiops antimonial, l'éther muriatique alcoolisé, les teintures de rhubarbe aqueuse et vineuse, celle d'écorce d'oranges amères et une quantité d'autres teintures simples, le sulfure d'antimoine pur, la tisane de guimauve, le sirop antiscorbutique de portal, le savon de jalap, celui de gajac, la gelée de carraghéen, l'acétate de fer, la teinture éthérée d'acétate de fer de Klaproth, l'acide sulfurique dillué (esprit de vitriol), l'élixir d'orange composé (élixir viscéral de Hoffmann), etc.

Il manque aussi au Codex une table générale de la densité des liquides officinaux ; il y a bien au commencement de l'ouvrage (p. XII) une table indiquant la densité de certains liquides, mais elle ne donne que des faits isolés, et il importe fort peu au praticien qu'il sache quelle est la densité de l'acide acétique le plus pur ou de l'alcool absolu ; il lui faut avant tout une table qui indique la densité légale de chaque liquide médicamenteux, c'est-à-dire la densité sous laquelle le pharmacien est obligé de le délivrer, que ce soit maintenant une solution saline, acide ou alcaline, un liquide éthéré ou alcoolique, tout doit passer sous ce niveau. Un pareil travail serait d'autant plus nécessaire, que dans un grand nombre de cas, le Codex oublie de donner les densités dans les paragraphes spéciaux, par exemple pour l'acide nitrique (p. 22) il n'y a rien d'indiqué ; je ne trouve également rien dans les articles : vinaigre distillé, succinate d'ammoniaque impur, vinaigres médicinaux, alcoolats, etc. Enfin, les membres du jury chargés de visiter les pharmacies trouveraient dans cette table un guide dans leurs investigations, et le pharmacien lui-même saurait à quoi s'en tenir.

Une autre table, non moins utile au praticien, pourrait être jointe à la précédente : ce serait un aperçu général des proportions dans lesquelles les substances d'une action énergique se trouvent dans les différentes préparations du Codex, tels que l'opium, dans la teinture d'opium simple, dans le laudanum de Sydenham, dans celui de Rousseau, le diascordium, la thériaque, l'extrait d'opium aqueux, la poudre de Dower, les pilules de cynoglosse ; la digitale, dans les teintures alcoolique et éthérée de cette plante ; les cantharides, dans la teinture, l'emplâtre et l'onguent, etc. Une table de ce genre aiderait singulièrement la mémoire du médecin dans ses prescriptions et lui épargnerait bien des erreurs ; il n'y a peut-être pas une seule pharmacopée allemande qui n'en renferme une semblable.

Je signalerai un autre oubli qui me peine, c'est l'absence totale de tout règlement pharmaco-légal dans le Codex, à une époque où les médecins et les pharmaciens sont si souvent traînés devant les tribunaux ordinaires et jugés par de juges incompétents. Combien n'a-t-on pas déjà réclamé, et avec raison, contre cet état de choses! — Mais d'un autre côté, a-t-on pris seulement la moindre mesure pour faire cesser cet abus? Je suis sûr que les tribunaux ne demanderaient pas mieux que d'avoir un guide d'après lequel ils pussent se diriger; mais où le prendre, si le seul ouvrage pharmaceutique légal que nous avons en France se tait entièrement sur ce chapitre? Si chez nous il arrive un empoisonnement par le fait du médecin qui commet une erreur dans le dosage, on ne sait à qui attribuer la faute, si c'est au médecin qui a commis l'imprudence, ou au pharmacien qui ne l'a pas relevée? — Le tribunal, dans le doute, ne s'abstient pas, mais condamne l'un et l'autre; il n'examine pas si le pharmacien a pu apprendre, dans la série d'études qu'on lui fait subir dans nos écoles, l'action des médicaments et la dose à laquelle ils commencent à agir comme toxiques, ou si ces connaissances sont plutôt du domaine du médecin; il ne connaît que le délit et prononce la punition.

Pour obvier à ce mal et pour éclairer la conscience des juges, on n'aurait qu'à tirer une ligne de démarcation nette entre les devoirs et les attributions du médecin et ceux du pharmacien, et deux articles de règlement y suffiraient.

Le premier indiquerait les noms des *substances* considérées comme poisons, et qui devraient par conséquent être placées à part dans la pharmacie et sous clef; car il y a souvent grande discussion pour savoir si l'action d'une substance doit être regardée comme vénéneuse ou non. Je ne prétends certes pas faire cesser par là toutes ces disputes; mais du moins chacun saurait jusqu'où va la limite de sa responsabilité.

Le second consisterait à dresser une table de tous les médicaments réputés héroïques, accompagnés du maximum de la dose à laquelle les pharmaciens peuvent les délivrer pour l'usage interne, avec injonction aux médecins de les *sousligner*, si dans leurs traitements ils veulent outrepasser la dose légale. De cette manière, les erreurs deviendraient extrêmement rares, si ce n'est impossibles; car si le médecin prescrivait imprudemment une dose trop forte sans sousligner, il serait du devoir du pharmacien, averti par le Codex, de renvoyer la recette au médecin, sans quoi la faute retomberait sur lui-même; tandis qu'un accident qui arriverait avec un médicament souslígné serait entièrement imputé au médecin. Le juge à son tour n'aurait qu'à ouvrir le Codex pour prononcer son verdict d'acquittement ou de condamnation, et l'innocent ne souffrirait pas avec ou pour le coupable, et, enfin, on éviterait de faire naître entre le pharmacien et le médecin cette animosité qui provient toujours de ces sortes de procès.

Il me semble qu'une table de la solubilité des corps ne serait pas non plus déplacée dans le Codex, c'est-à-dire l'indication de la quantité de sel ou de toute autre substance soluble dans une quantité d'eau donnée, à une température moyenne de 10—16° Cart. Cette table aurait pour avantage d'indiquer au médecin et au pharmacien jusqu'où ils peuvent aller dans la quantité de véhicule à employer quand ils veulent faire une dissolution.

J'ai encore trouvé dans certaines pharmacopées (*Codex medicamentarius Hamburgensis*) des modèles pour la grandeur des emplâtres, afin que le pharmacien sache ce qu'il doit entendre par un emplâtre de la grandeur de la main ou de la paume de la main, etc.; mais il vaut mieux qu'ils soient prescrits par centimètres ou décimètres carrés ou par leur diamètre.

Si, enfin, je reporte les yeux sur l'ensemble de l'ouvrage, j'y trouve quelquefois de bonnes intentions, mais qui sont tout aussitôt abandonnées que conçues; j'en vois une preuve dans l'indication des propriétés caractéristiques des préparations par laquelle on a eu soin au commencement de terminer quelques paragraphes, tels que le lait de soufre, le phosphore, etc., mais dont on ne trouve plus de vestige dans le reste de l'ouvrage; cependant cette mesure eût été bonne si on l'avait établie pour toutes les préparations; le pharmacien aurait pu en partie se diriger là-dessus, et dans les visites des pharmacies, elle aurait évité toute discussion sur la bonne ou mauvaise préparation des médicaments. Cette inconséquence et ce manque de plan se retrouve également dans la nomenclature qui est empruntée à tous les âges, et dans les proportions respectives des composants de certaines préparations, telles que les teintures, qui sont extrêmement fortes, tandis que les vins médicinaux sont comparativement très-faibles; les deux pommades épispastiques renferment si peu de cantharides (l'une 1/33e et l'autre 1/16e) qu'elles tirent à peine et que nous avons été obligés de renoncer à leur préparation, parce que tout le monde s'en est plaint; tandis que la force des pommades d'hydriodate de potasse et d'hydriodate de potasse iodurée est telle qu'elles produisent facilement des rubéfactions et des places inflammatoires; les deux solutions alcooliques de camphre touchent également dans les deux extrêmes. Il faut l'avouer, le Codex n'a pas été très-heureux dans le choix du juste-milieu qu'un pareil ouvrage devrait toujours s'efforcer de tenir parmi tous les travaux individuels qui paraissent chaque jour.

La question de l'économie n'a pas du tout été prise en considération; il est vrai que dans un ouvrage de ce genre elle ne peut être que secondaire; elle acquiert cependant de l'importance quand on pense que tout ce que les pauvres et même les gens peu aisés (qui forment au moins les trois quarts de la population) cherchent dans la pharmacie, est pris sur leur nécessaire. Partout on voit une profusion d'ustensiles en argent et en platine, là où le plus souvent les capsules en porcelaine et les vases en fonte feraient parfaitement le même usage; par exemple, dans la préparation de la potasse à la chaux et de l'acétate de potasse, il est prescrit de se servir d'une bassine en argent; il veut qu'on prenne de la potasse, au lieu de chaux, pour faire le polysulfure destiné à la préparation du lait de soufre; pour l'éther acétique il fait prendre de l'acide acétique, au lieu d'un acétate; pour l'extrait de fer pommé, de la limaille porphyrisée; dans la préparation de l'acide borique, il laisse perdre l'eau mère de la première cristallisation; quelquefois même on croirait, par les difficultés avec lesquelles on a eu soin d'entourer certaines préparations, qu'on n'aime pas que le pharmacien les prépare lui-même; je citerai pour exemples : le calomel, le sublimé corrosif, le sulfate de quinine, etc.

Et en présence de tous ces faits, faudrait-il peut-être reprocher au gouvernement de n'avoir pas été assez large pour faire face aux frais qu'occasionne nécessairement une pareille œuvre? Certes non! car les chambres ont voté 14,000 fr. destinés à cet usage, sans compter le produit de la vente de l'ouvrage que M. le ministre, dans son rapport au roi, avait cru suffisant pour couvrir tous les frais; et en effet, il se paye assez cher et se débite par milliers; il doit donc produire de grands bénéfices, d'autant plus qu'on n'a pas négligé d'y annexer encore des prix courants de porcelaines, de cristaux, etc. Un ouvrage pareil devrait être fait dans l'intérêt de tout le monde, et ne jamais constituer une entreprise commerciale qui porte assez le caractère d'une exploitation forcée de ceux auxquels il devrait servir.

Pour terminer cette revue, dont l'importance du sujet fera pardonner la longueur, je me vois forcé de déclarer que notre nouveau Codex est un ouvrage fort incomplet, fait sans soin et rempli d'inexactitudes et de fautes telles qu'elles pourraient donner lieu à des accidents graves dans la pratique de la médecine. Je crois donc qu'il est de la plus urgente nécessité d'appeler là-dessus l'attention du gouvernement, dont le devoir le plus sacré est de veiller à la santé et au bien-être des populations, afin qu'il renonce à le maintenir en vigueur, et qu'il en donne immédiatement une nouvelle édition revue et corrigée sur des bases plus larges et plus rationnelles que celles qui ont servi à sa rédaction.

Strasbourg, imprimerie de G. Silbermann.

www.ingramcontent.com/pod-product-compliance
Ingram Content Group UK Ltd.
Pitfield, Milton Keynes, MK11 3LW, UK
UKHW020446230726
13925UKWH00004B/1828

9 782019 271480